银行信用风险计量实战

叶征◎著

MEASUREMENT
PRACTICE OF
BANK CREDIT
RISK

中国人民大学出版社
·北 京·

前　言

　　大概是在 2015 年冬季，鉴于我之前长期在金融机构从事风险计量工作，王汉生老师（熊大）邀请我去北京大学光华管理学院，为面向各高校数据科学专业师生举办的"狗熊会"线下活动"熊出没"做了一次商业银行对公内部评级的专题讲座。讲座结束之后，熊大建议我基于讲座内容写点东西在"狗熊会"公众号平台上与大家分享。我最开始只写了一篇《非零售信用风险内部评级》，熊大看后说不行，让我至少写十篇，最好能形成一本书。我当时深感挑战巨大，熊大勉励我：不急，慢慢写，不限定你最后的完成时间。就这样，我一篇一篇写到 2018 年 5 月。

　　本书的系列文章在"狗熊会"微店上架后，得到了熊粉们的积极反馈，其中不乏中肯的批评与改进意见。据此，我对本书不断地修改和完善。

　　资本计量高级方法在中国乃至全球银行业的应用不断深入，国内外银行都在积极探索科学的资本计量方法，搭建和完善资本计量体系。基于中国银行业高质量数据积累不足、缺少外部评级、相关风险计量技术研究时间较短、有经验的计量人员比较缺乏等现状，中国银行业的资本计量高级方法的建设必然是一个由浅到深、由点到面，系统、持续、不断完善的过程。其中最为核心的内部评级体系建设是一项实施周期长、难度大、专业性极强的工作，比如建立内部评级模型，有很强的技术性；实现内部评级体系对信贷业务管理流程的变革性价值，则要具备丰富的银行实际业务经验。

随着我国金融监管和金融行业对风险计量工作越来越重视，已有图书对风险计量的理论和国外通行的实践经验进行介绍，但尚无详细阐述风险计量技术在我国金融机构落地的过程中众多疑难杂症的解决之道的相关著作。因此，本书不是风险计量技术的理论性总结和一般方法论的介绍，而是紧扣中国银行业监督管理委员会＊（以下简称银监会）发布的《商业银行资本管理办法（试行）》等监管规定，充分结合本人对不同类型金融机构实践探索经验的系统性论述，同时在相关方面，特别是风险计量技术在关键业务的应用方面有所侧重，一步一步展开讲述，同时讨论业务流程、政策制度和数据治理等，为大家展现一幅银行业实践中如何把风险管理问题定义为数据可分析问题、进行风险数据分析和建模、解决风险管理业务问题的全面真实的图景。

众所周知，内部评级体系的搭建是银行信用风险管理和计量的重中之重。目前，中国银行业在内部评级过程中可能遇到各种复杂情况和挑战，例如：数据不足情况下的内部评级模型开发问题、低违约资产组合的模型

＊ 2018年3月，根据第十三届全国人民代表大会第一次会议批准的国务院机构改革方案，将中国银行业监督管理委员会和中国保险监督管理委员会的职责整合，组建中国银行保险监督管理委员会（以下简称银保监会）。

开发和验证问题、评级哲学的选择问题、中小银行联合实施内部评级法问题、数据集市标准化落地问题、压力测试问题、债项评级问题等。我总结了近年来中国国有银行、股份制商业银行、城市商业银行在实施内部评级过程中比较有代表性的疑难杂症，并形成有针对性的解决方案。主要内容如下：

1. 商业银行内部评级体系建设的背景

2. 非零售客户评级打分卡的评估与验证

3. 非零售客户评级打分卡优化的方法论

4. 非零售客户评级打分卡优化的实施方案

5. 内部评级建设常见误区释疑

6. 时点评级法及跨周期评级法等方法与实践

7. 中小银行联合实施内部评级的方法与实践

8. 压力测试的方法与实践

9. 内部评级数据管理的方法与实践

10. 债项评级的方法与实践

11. 债务人评级模型低违约组合的验证

为了让读者在阅读各章的同时能够对内部评级体系有一个总体的了解，我在本书的最后专门撰写了第12章"内部评级体系简介"，以省去入门读者寻找内部评级方面书籍的烦恼。

风险计量是一门不断发展的学科，在我国刚开始发展，我仅是这方面的早期实践者之一，有些问题随着《巴塞尔新资本协议》的完善以及同业的不断实践将产生新的、更加合适的解决方案。本书撰写的目的并不是全面深入地研究内部评级体系，由于内部评级内容涵盖广泛，其细分领域的专业性也极强，再加上本人能力有限，书中疏漏和观点偏颇之处在所难免，欢迎大家提出宝贵意见。

　　温馨提示：进入"狗熊会"公众号（CluBear），输入"叶征"，可以看到本书系列文章最初的状态。

目　录

CONTENTS

商业银行内部评级体系建设的背景

竞争环境

世界银行业跌宕起伏的历史给我们留下了活生生的案例，这表明，无论规模大小，只要风险管理不好，银行最终难逃破产出局的悲惨命运。20世纪 80 年代，伴随利率自由化进程出现的美国储贷危机中，有 534 家储贷机构倒闭，2008—2011 年次贷危机期间，有 402 家银行倒闭，血淋淋的教训无不向世人昭示"现代银行经营的是风险"这一事实。

随着中国银行业市场化进程的深入，一些管理不善或资不抵债的银行倒闭将不可避免。监管部门对此也有所准备，比如起草银行破产条例，出台存款保险制度和强调民营银行风险自担等。虽然到目前为止中国仅有一家商业银行和少数储蓄机构破产，尚未出现大范围的银行倒闭现象，但这并不意味着中国所有的银行都非常安全与稳健。曾几何时，中国许多银行甚至一些大型银行都濒临技术性破产，在国家信用的支持下才没有发生挤兑现象。随着去国家信用支持和金融市场化进程的加快，银行的未来将主要由其经营状况决定，银行的经营状况在很大程度上取决于其风险管理能力，而银行的风险计量能力是其风险管理能力的基础驱动因素。

2015 年以后的中国金融市场风起云涌：经济下滑、利率自由化、央行的去一般流动性支持，使得银行躺在高利差温床上享福的时代一去不复返。除了来自经济和金融的冲击，以第三方支付为先锋的互联网金融、移动金融来势汹汹，蓬勃发展的新技术不仅最直接地抢食银行传统优势业务，多种电子渠道也动摇着几十年来银行积累的庞大客户基础。银行业不得不重新梳理业务管理流程，以便更快更有效地面对市场竞争，而风险管理作为金融服务的最大核心竞争力将决定谁能笑到最后。

眼下市场环境变化如波涛汹涌，对于在风浪中拼命挣扎的中小银行来说，唯有巩固自身的风险管理防线，才能在大潮退去之后依然坚强挺立，持续稳健经营。对我国的众多银行来说，信用风险是目前面临的主要风险，并且在未来一段时间仍将居于主要地位，而信用风险内部评级体系的验证与优化，是确保其稳定性与可靠性的有效手段，会影响信贷客户选择、产品定价、风险计量、贷中贷后监控与管理、拨备计提、综合绩效评估、资产组合风险整体暴露计量与管理以及资本计量与管理等诸多方面。许多银行前几年积累的不良信贷资产在近两年集中显现，信贷资产组合质量明显恶化。目前很多银行面临实质性的信用风险，在严峻的经济金融形势和竞争环境下可能加大，应引起高度重视。各银行需要通过建立更加精细、科学、客观的风险评估和计量机制，采用先进的信用风险管理技术和手段，建立完善的信用风险计量模型验证优化体系，严把准入关，加大对存量资产的管理力度，加强对不良资产的监控，提高对不良资产的处置要求。

监管要求

　　监管机构不仅不会因为银行外部竞争环境更加严峻而放松监管，相反会提高对银行风险管控能力的要求，以抵御不断增加的风险。2012 年 6 月 7 日，银监会下发了"中国版的新资本协议"——《商业银行资本管理办法（试行）》（以下简称《资本办法》），要求国内商业银行于 2013 年 1 月 1 日起根据该办法进行监管资本和资本充足率的计算，逐步落实对于银行风险管理与资本管理的各项监管要求，并最晚于 2018 年年底达标。《资本办法》共 10 章 180 条，有 17 个附件，围绕资本充足率展开，按照三大支柱的框架详细阐述。其中，《资本办法》附件 16 "资本计量高级方法验证要求"以《巴塞尔新资本协议》（以下简称《新资本协议》）相关要求为基础，借鉴巴塞尔银行监管委员会（以下简称巴塞尔委员会）有关验证方面的文献及其他国家和地区的监管政策，吸取金融危机中的经验教训，充分考虑国内银行的实践，明确并细化了商业银行建立验证体系所要达到的标准，为商业银行建立有效的验证体系提供了明确的标杆，有助于商业银行尽快建立验证体系，确保资本计量充分反映风险。《资本办法》要求商业银行采用信用风险的内部评级法（internal ratings based（IRB）approach）、市场风险的内部模型法、操作风险的高级计量法，按照附件 16 的要求建立验证体系，对资本计量高级方法及其支持体系进行持续检查，完善自我纠正机制，确保资本充分反映风险水平。

　　资本计量高级方法的验证目标：一是增强资本计量高级方法的稳健性和可靠性；二是建立纠正机制改进资本计量高级方法的风险预测能力，促进方法和体系的持续改进；三是增进商业银行高级管理层和相关人员对计量模型的理解，充分认识模型的局限性，完善模型结果应用，确保资本准确反映风险水平。

在商业银行信用风险内部评级体系的验证方面，根据《新资本协议》和银保监会的监管要求，必须建立一个健全的内部评级验证体系，包括验证的制度政策、流程方法、数据和 IT 系统等，来验证银行的评级体系、过程和风险参数量化的准确性和一致性。

银保监会将自 2019 年起按照《资本办法》陆续对商业银行开展检查评估，并按照评估结果对银行进行分类监管，轻则进行风险预警，重则吊销牌照。监管评估的内容有 3/4 集中在全面风险管理体系的建设方面，其中信用风险管理是全面风险管理体系的核心。

同业经验

银监会根据《资本办法》，在 2014 年 4 月核准中国工商银行、中国农业银行、中国银行、中国建设银行、交通银行和招商银行为第一批使用资本计量高级方法计量监管资本的银行。在批准前，这六家银行都进行了资本计量高级方法的验证工作。以招商银行为例，2010 年完成了信用风险内部评级体系的验证（包括非零售信用风险内部评级体系验证和零售信用风险内部评级体系验证）和市场风险内部模型验证项目，之后每年都会定期或不定期开展与《新资本协议》实施相关的验证工作，增强资本计量高级方法的稳健性与可靠性。通过实施资本计量高级方法，招商银行已经在信贷政策制定、授信审批流程、业务定价模型、贷后管理和预警、绩效考核与成本核算各个方面建立起可量化的管理模型，经营管理理念和模式更趋精细和科学。

模型的复杂性、数据清洗和样本筛选不当、变量分布特征的误判、风险驱动因素考虑不够全面、模型环境发生变化等方面的原因，可能会导致模型风险，从而对银行经营活动产生负面影响，带来不可预估的损失。

摩根大通一直号称风险管理方面的专家，在拥有大量衍生品交易的同时可以使投资者远离风险。2012 年，管理着银行 3 500 亿美元超额储备的首席投资办公室（chief investment office，CIO）在进行一系列复杂的衍生品交易（又称"伦敦鲸交易"）时损失了至少 62 亿美元。究其原因有以下几点：一是新的模型未经过验证和优化；二是进行大规模信用违约互换（credit default swap，CDS）交易；三是风险提升，未经验证的新在险价值（value at risk，VaR）模型失灵。该事件导致欧美主要金融机构股市纷纷下挫和摩根大通银行信用评级下调。

通过对摩根大通巨额损失事件的分析，银行可以获得如下启示：

第一，模型验证和优化是模型在银行业务中应用的基础。银行在验证政策中要对验证人员的独立性与职责进行明确，并且要求在模型投入使用前，由独立的模型验证优化部门或外部审查机构详尽记录模型的验证优化过程以及得出模型有效结论的理由。

第二，建立业务发展和风险管理的运行机制，清晰的风险偏好是前提和基础。银行风险偏好将风险与收益有机结合在一起，成为联结前、中、后台的纽带和相互沟通的共同语言。

第三，银行应建立积极灵活的风险管理机制，避免对风险管理模型的过度依赖。银行在风险管理过程中应采取主动灵活的策略，在参考风险计量模型的基础上，对市场环境的剧烈变化和突发事件做出及时的评估和反应。

众所周知，现代银行经营的是风险，而风险管理的基础和核心是风险的精确计量。首先，没有这个核心，风险准入、审批、监控、处置就无法有效进行，风险管理的政策、制度和流程难以形成完善的体系，也就难以建立随时、随需、灵活可测、变一人经验为多人经验的风险评估和计量机制。不能确定风险是否在可控范围之内，就是最大的风险。其次，各家银行应升级应对各类风险的管理方法、技术、工具和手段，达到监管要求并争取做到业界最佳，切实提高本行的全面风险管理能力，提高资本利用率和经营管理水平。

面对不断严峻的经营环境和日益严格的监管要求，结合银行自身发展的要求，各银行的领导层应高瞻远瞩、果断决策，借助监管机构重点推动全面风险管理体系建设的契机，进行业务运营及管理升级，打造风险管理引领银行之势，全面提升风险计量与管理能力，锻铸银行核心竞争力，为银行的中长期稳定发展奠定坚实的基础。

非零售客户评级打分卡的评估与验证

不同于零售风险和互联网金融风险，非零售信用风险有其固有的特点，比如违约数据稀少甚至无违约数据，如某行业是国有垄断行业，可能只有几家国有企业的数据等，这就给非零售信用风险内部评级的开展带来极大的挑战。传统商业银行中非零售客户资产占比普遍较高，如果这部分资产不能通过科学有效的方法确定指标和权重，使模型指标的选择和权重的确定可重复、可检验，则无法通过银保监会资本计量高级方法的核准达到节省资本的目的，而越来越严苛的资本监管使得资本对于商业银行而言成为业务发展极为稀缺的资源。因此，本章将对低违约资产组合的评估与验证做详细论述。

非零售客户评级打分卡评估与验证的目标

非零售客户评级打分卡评估与验证的目标是使银行非零售客户评级打分卡具备良好的风险识别能力，使银行打分卡开发体系更加科学、规范和透明。

所要达到的具体目标如下：

第一，对银行现行非零售客户评级打分卡的表现进行整体评估，清晰客观地分析银行评级打分卡存在的缺陷，提出打分卡验证的范围和具体实施方案。

第二，对银行重点非零售客户评级打分卡进行验证，并为打分卡后续优化提出工作建议以及系统需求，使银行优化后的打分卡及系统更加贴合银行业务实际，为银行信贷业务中信用风险的有效控制提供科学、客观、高效的工具支持。

非零售客户评级打分卡评估与验证的主要内容

主要内容包括以下几个方面：

第一，对银行现行非零售客户评级打分卡的表现进行整体评估。通过审阅前期的开发文档和对总分行打分卡使用相关情况的调研，对打分卡的开发、推广和使用中的问题进行分析，整体评估打分卡的表现，提出打分卡优化的范围和具体实施方案。

第二，对银行重点非零售客户评级打分卡进行验证。根据评估结果，针对排序能力、准确性、稳定性等表现不好，且客户数占比以及信贷余额占比较大的非零售客户评级打分卡进行验证，并提出后续优化的建议。

第三，结合行内信贷系统的实际情况提出业务需求，以便上述调整能够落地实施。

第四，结合优化后的非零售客户评级打分卡体系，对银行的非零售客户评级相关政策、制度和流程进行审阅，并提出修订建议。

第五，基于优化后的非零售客户评级打分卡体系，提出持续验证和优化的数据需求和数据管理标准，以便银行能够持续地收集相关数据，用于后续的打分卡验证与优化。

非零售客户评级打分卡评估与验证的主要内容可以整合为以下两个模块：

模块一：非零售客户评级打分卡评估与验证。通过案头分析开发文档和对总分行相关情况的调研，对现行打分卡的表现进行定量验证和定性评估，根据非零售客户评级打分卡上线以来的使用情况，对评级结果表现不好且客户数占比以及信贷余额占比较大的打分卡进行重点评估与验证，确定后续优化的主要方面和主要内容。

模块二：提出现行打分卡的优化建议。对模块一中选定的打分卡设计具体的优化方案和优化策略，包括指标调优和权重调优的建议以及优化过程所需采用的优化方法，如专家判断计量模型开发方法。

非零售客户评级打分卡评估与验证的总体架构如图 2-1 所示。

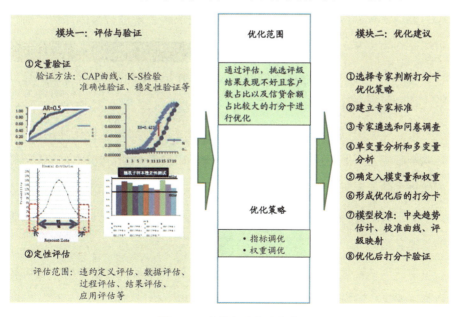

图 2-1 总体解决方案架构

非零售客户评级打分卡评估与验证的基本框架

通过审阅前期的开发文档和对总分行相关情况的调研，明晰客户评级打分卡开发的方法、策略和流程，对打分卡的检验以及推广和使用中的问题进行分析，掌握客户评级打分卡上线以来的评级情况，提出打分卡可以优化的领域，最终形成打分卡优化的建议书。

如何对低违约资产组合进行验证和评估，是目前业内的难点，也是监管机构对信用风险内部评级体系进行审查的重点内容。可参考国内外银行业对低违约资产组合验证的观点，按照监管要求，探索研究银行低违约资产组合的评估与验证方法，并选取合适、科学、合理的验证方法对银行现行打分卡进行定量验证和定性评估。评估与验证框架如图 2 - 2 所示。

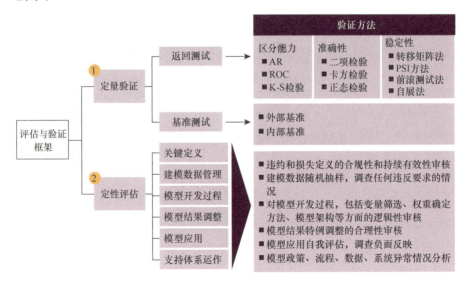

图 2 - 2　评估与验证框架

1. 定量验证的方法

（1）区分能力验证

该验证确保模型能够按照债务人风险大小有效排序。模型区分能力采用两种以上的方法进行检验，包括监测累积准确曲线（cumulative accuracy profile，CAP）及其主要指数准确性比率（accuracy ratio，AR）、受试者工作特征曲线（receiver operating characteristic（ROC）curve）及 AUC（area under curve）系数和 K-S 检验结果等。

CAP 及 AR 主要用来检验模型对违约和非违约客户进行正确区分的能力。CAP 曲线的原理是：首先自高风险至低风险排列模型的分数，即模型分数从低至高；横坐标 X 表示客户总数的累计百分比；纵坐标 Y 表示违约客户的累计百分比；横纵坐标的关系表现为在 CAP 曲线上，评级风险较高的 $X\%$ 客户占违约客户的 $Y\%$，即纵坐标描述了评级分数小于或等于（一般选取等于）相对应横坐标 X 的违约个数百分比。一个有效的模型应当在样本客户处于同一排除率的情况下，排除更高百分比的差客户。AR的定义为模型的 CAP 曲线和 $45°$ 线间的区域面积，与介于 $45°$ 线和最佳模型的区域面积的比率，这个值越接近 1，表示模型的效果越好。应用 CAP和 AR，每一个验证期可得到一个 CAP 曲线图和一个 AR 比率。通常情况下，AR 值越接近 1 越好，说明验证的模型对违约客户的区分能力很好。在业界，对于 AR 没有一个标准的衡量尺度。一般来说，AR 值大于 40% 都是比较好的。图 2-3 为 CAP 曲线示意图。

ROC 曲线及 AUC 系数也可用来检验模型对违约和非违约客户进行正确区分的能力。ROC 曲线描述了在一定累计好客户比例下的累计差客户的比例。其原理是通过选定的评分判断债务人在下一个期间是否违约，决策

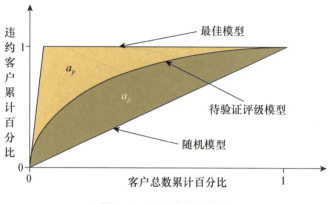

图 2 - 3　CAP 曲线示意图

者通常使用的一种方法是设定临界值 C，评分低于 C 的债务人为潜在的违约客户，高于 C 的债务人为非违约客户。在最佳模型中，无论临界值 C 的取值是多少，模型的命中率均为 100%，因而最佳模型的 ROC 曲线是一条纵坐标为 1 的直线。在随机模型中，基于任一临界值 C，其正确区分违约和非违约客户的概率是 50%，故 ROC 曲线表现为 $45°$的直线。待评级的预测模型的 ROC 曲线即分布在随机模型和最佳模型之间。待评级的预测模型的区分能力越强，ROC 曲线越往左上角靠近。AUC 系数表示 ROC 曲线下方的面积。AUC 系数越大，模型的风险区分能力越强。ROC 曲线越往左上，即 ROC 曲线下的面积越大，表示该模型的正确性越好。因此，ROC 曲线下面积的大小可以作为模型预测正确性高低的评判标准。根据相关的研究，若曲线下的面积为 0.5，则表示模型不具备区分能力；若曲线下的面积为 0.7～0.8，表示模型的区分能力是可接受的；若曲线下的面积为 0.8～0.9，表示模型有很好的区分能力；若曲线下的面积在 0.9 以上，则表示模型有相当强的区分能力。图 2 - 4 为 ROC 曲线示意图。

K-S 检验主要验证模型对违约对象的区分能力，通常是在模型预测全体样本的信用评分后，将全体样本按违约与非违约分为两部分，然后用 K-S

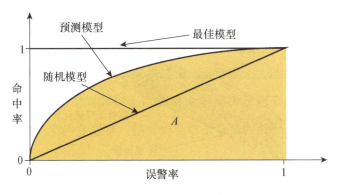

图 2 - 4　ROC 曲线示意图

统计量来检验这两组样本信用评分的分布是否有显著差异。运用 K-S 检验来
验证模型能否区分违约户与正常户,当两组样本的累计相对次数分配非常接
近,且差异为随机的时,则两组样本的评级分配应一致;反之,当两组样本的
评级分配不一致时,样本累计相对次数分配的差异会很显,如图 2 - 5 所示。

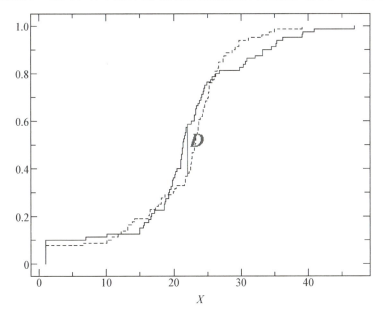

图 2 - 5　K-S 经验分布曲线

（2）准确性验证

该验证采用两种以上的方法分析实际违约频率与违约概率估值的吻合程度，包括二项检验、卡方检验、正态检验等。

二项检验是验证内部评级体系各级别违约概率估值的一种有效方法，其前提是每个级别下违约事件是相互独立的，要注意每次只能应用一个评级级别。

卡方检验验证模型不同风险级别违约概率（probability of default，PD）与主标尺的匹配程度，可以一次同时对多个级别进行检验，但样本需要满足独立性（违约事件在风险级别之内和风险级别之间相互独立）以及正态分布的假设。卡方检验的 P 值可以用来估计违约概率的准确性，P 值越接近 0，准确性越差。

（3）稳定性验证

该验证检验违约概率估值在时间和客户群变动情景下是否具有稳定性。常用的方法包括转移矩阵法等。

转移矩阵法假设在最稳定的模型中，在其他条件不变的情况下，同一评级客户前后期的评级等级应当维持不变。因为只用一个转移矩阵无法给出评级模型效果的很多信息，所以需要比较在不同时间段的转移矩阵以衡量模型效果。将转移矩阵情况与宏观经济情况比较可以发现模型表现方面的问题，例如在经济增长时期却发现评级结果有向更差等级转移的趋势，说明模型本身可能存在问题。

2. 定性评估的方法

定性评估的方法主要包括违约定义评估、打分卡开发数据评估、开发过程评估、评级结果评估等。定性评估的步骤如图 2-6 所示。

图 2 - 6 定性评估的主要步骤

3. 低违约资产组合的验证

根据《新资本协议》实施工作组的验证工作组（AIG-V）的研究*，银行资产组合是在低违约和高违约两类状态之间连续变化的。当银行内部数据系统包含较少的违约事件时，资产就更接近低违约状态，这对风险参数量化即风险计量和验证工作都构成了挑战。目前，业界的最大担忧是缺乏足够的统计数据，导致风险参数返回检验困难，使低违约资产组合（客户）难以运用内部评级法。基于业界的担忧，AIG-V 在 2005 年 9 月发表了一份新闻公报，其中阐述了违约数据的缺乏并不能使低违约资产组合排除在应用内部评级法之外。

目前，对于低违约资产组合的验证，已有成熟的方法应用于国内外银行的实践。业界采用的主要验证方法如图 2 - 7 所示。

---

* 巴塞尔委员会第 6 期新闻公报，2005-09.

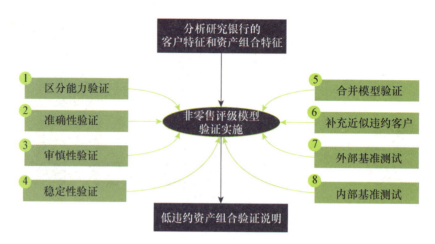

分析研究银行的
客户特征和资产组合特征

1 区分能力验证

2 准确性验证

3 审慎性验证

4 稳定性验证

非零售评级模型
验证实施

5 合并模型验证

6 补充近似违约客户

7 外部基准测试

8 内部基准测试

低违约资产组合验证说明

图 2-7 低违约资产组合验证的方法

图 2-7 所列的验证方法中，内外部基准测试是低违约资产组合验证工作中最常运用的方法。基准测试（benchmarking）是内部评级的估计结果与内外部可观察信息（公开或非公开）之间的比较。对于内部评级体系来说，可观察的公开基准包括标准普尔公司、穆迪公司等评级机构给出的评级，这些评级机构对被评级公司给出的评级的详细信息可以从公开资料中得到，从而使检查和分析内部评级体系是可以实现的。非公开的基准是银行内部或监管部门采用的基准，一般不对外披露。

这里的外部基准被隐含地认为具有某种特殊的可信度，如内部评级的估计结果与外部基准有偏差，就应检查内部的估计值。在该方法下，外部基准用来对内部估计值进行校准或者验证。需要注意的是，由于确定绝对的基准很困难，因此使用基准时应谨慎。

针对低违约资产组合的验证步骤如图 2-8 所示。

如果银行违约客户数量较少，那么传统模型评估的返回检验方法只能得出有限的结论，在这种情况下，基准测试可以检验低违约资产组合评级模型的区分能力。通过比较评级模型和基准模型对相同债务人评级结果的

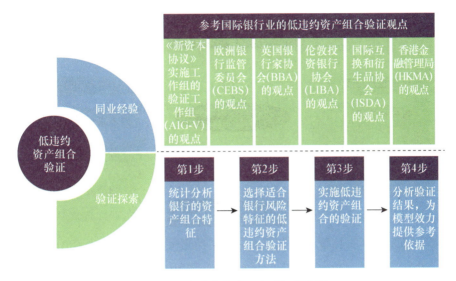

图 2 - 8　低违约资产组合验证的步骤

相关性进行验证。因此，如果银行的违约客户数量和数据质量不够理想，建议采用基准测试的方法对风险评估模板的区分能力进行验证。如果银行客户缺乏外部机构的评级数据，也缺乏可信度较高的市场数据，不易获得外部基准数据，建议采用内部专家基准测试的方法对风险评估模板的区分能力进行验证。具体验证步骤如下：

第一步，确定测试样本客户行业和清单。

根据银行提供的历史客户及现有客户的行业分布情况统计表，综合考虑各行业的客户数量占比和信贷余额占比情况，从中筛选出几个主要的行业，分别确定各行业的测试样本客户数量。

第二步，确定内部业务专家对客户信用水平的排序结果。

内部专家基准测试的方法对专家的要求较高，因此，选择业务经验丰富、熟悉市场环境、了解客户风险特征的业务专家，是确保基准测试结果合理性的关键。专家根据银行评级框架的评级定义，为测试样本客户进行主观认定评级，并按照主观认定评级结果对测试样本客户进行排序。上述排序结果作为内部专家基准测试的"专家基准"，在此基础上进行基准测试。

第三步，计算基准测试量化结果 Spearman 秩相关系数。

通过基准测试评估打分卡对债务人的评分结果与专家的排序结果的相关性，正相关性高代表风险评估模板对客户信用水平的排序能力良好，反之亦然。

根据定量验证与定性评估结果，选取评级结果表现不好且客户数量占比以及信贷余额占比较大的打分卡进行重点优化，提出优化建议。

想更全面地了解低违约资产组合验证的读者可参阅本书第 11 章。

非零售客户评级打分卡优化的方法论

根据业界实践和监管要求，应该对风险评估方法定期验证和优化并持续监控。对于非零售客户评级方法，监管要求的最低验证频率为每年一次。对于新投入使用的评估工具，业界一般每半年进行一次评估。定期检验、优化和持续监控强调通过检验指标来发现问题并及时监测打分卡的表现。如缺少定期检验、优化和持续监控，既不符合《资本办法》的监管要求，也不能根据宏观经济条件的变化、客户结构和客户风险的变化及时调整打分卡的指标和权重，可能会严重影响打分卡的效力。因此，银行需根据外部环境的变化对非零售客户评级打分卡及时进行调整。按照《资本办法》的附件 5 "信用风险内部评级体系监管要求" 的规定，商业银行可以采用专家判断模型方法、计量模型方法或综合使用两种方法进行评级。因此，本章将对非零售客户评级打分卡优化的方法论进行详细论述。

专家判断模型方法论

非零售客户评级打分卡优化的核心技术方法为专家判断模型开发方法。该方法是以层次分析法（analytic hierarchy process，AHP）等多种统计理论为基础，运用数学和统计学的方法，科学合理地将反映银行风险特异性和客户行为经验以及一线专家经验的数据进行收集、指标遴选、权重确定的专家判断打分卡的模型开发技术。

该方法的具体优化步骤如图 3-1 所示。

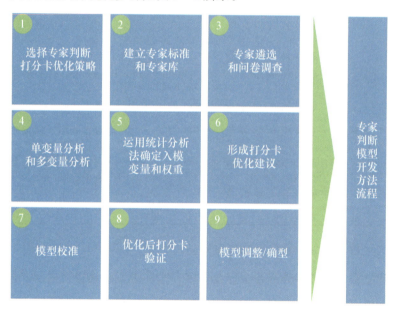

图 3-1　专家判断模型开发方法流程

第一步，选择专家判断打分卡优化策略。

在优化专家判断打分卡时，业界常用的方法包括层次分析法、专家集中讨论法或者专家调整专业机构打分卡等。具体采用何种方法，视银行所拥有的专家资源和可获取的外部模型资源而定。三种主要专家判断打分卡开发方法的特点对比如表 3-1 所示。

表 3-1　　　　　主要专家判断打分卡开发方法的比较

	层次分析法	专家集中讨论法	专家调整专业机构打分卡
专家数量要求	较多	多	较少
专家经验要求	高	较高	中
优点	可以通过专家经验数据分析计算出模型所需的要素，理论依据强	可以在较短的时间内得到所需专家意见，并分析得出打分卡，容易实施	无需大量专家，专业机构打分卡有一定权威性，方法简洁
缺点	对专家数量和专家经验有较高要求，有较好的专家经验反馈才能得到正确的模型	需要大量专家，并且专家要有较为丰富的相关经验，可以总结出打分卡所需相关经验，理论依据一般	打分卡论证的严谨性稍弱，较多依据专业机构现有打分卡，不过该缺点可以在一定程度上通过返回检验弥补
国内应用现状	多应用于业务范围稍广的一般企业评级，例如，交通运输业、采矿业等行业的企业评级	国内应用较少	较多应用于低违约敞口并且内部数据不足的行业，国内多数银行打分卡采用该方法

第二步，建立专家标准和专家库。

建立银行内部和外部各个行业信审专家标准，收集银行内部和同业银行的相关专家的信息，并建立银行专家库，记录专家的具体信息。

第三步，专家遴选和问卷调查。

按照不同行业打分卡的开发需求，选取合适数量的专家，进行问卷调查。问卷调查的目的主要是选取和确定打分卡的指标。

在设计问卷前，先要给出打分卡的指标池。指标池应当反映一般公司信用风险的因素。通过研究各行业风险因素的共性，借鉴和吸收国际评级机构的评级理念，将反映一般公司信用风险的因素归为非财务和财务两大类。其中，非财务类分为经营环境、市场竞争力、管理水平、道德风险和信用记录四大方面；财务类分为资本结构、规模、营运能力、盈利能力、流动性、成长性和债务覆盖等方面。每个风险因素通过相应的指标进行解释。

指标池的设计原则是指标指示风险的能力和反映风险因素的全面性。基于指标设计原则，确定需要优化的行业信用评级应该考虑的主要指标。

在得到原始指标池后，再据此设计专家问卷，收集专家对指标池进行增减的意见。

第四步，单变量分析和多变量分析。

在对专家问卷调查的结果进行统计分析，确定初选入模的指标，针对这些指标设定打分的规则和分数区间后，先进行单变量分析，评估单个指标对客户排序的预测能力；再进行多变量分析，评估多个指标组合对客户排序的预测能力，由此确定打分卡最终指标。

第五步，运用统计分析法确定入模变量和权重。

根据银行情况，最有可能采用的统计分析法为层次分析法。它是一种定性和定量相结合、系统化、层次化的分析方法。运用层次分析法有很多优点，其中最重要的一点就是简单明了。层次分析法不仅适用于存在不确定性和主观信息的情况，还允许以合乎逻辑的方式运用经验、洞察力和直觉。基于第五步所筛选出的入模变量，采用层次分析法可以计算出各指标的权重。层次分析法的具体步骤将在第 4 章详细介绍。

第六步，形成打分卡优化建议。

基于第四步和第五步的结果，可以形成最终的打分卡模型。与现行打分卡进行对比，提出打分卡优化建议。

第七步，模型校准。

模型校准包括设定中心趋势、刻画校准曲线和评级映射，通过该步骤将打分卡的得分映射到符合银行实际情况的评级。

第八步，优化后打分卡验证。

对优化的打分卡进行验证，验证的方法和流程与模块一相同（模块一详见第2章）。

第九步，模型调整/确型。

根据第八步验证的结果对优化后的打分卡进行调整，确定打分卡的最终形式，并投入试运行。

计量模型方法论

计量模型方法是在统计技术的基础上发展的纯粹的自动评分模型，主要包括逻辑回归、判别分析、主成分分析、神经网络模型等方法。计量模型方法对数据的依赖性较强，必须有充分、准确、完整、有效的定量数据才能确保模型的准确性。因此，数据积累不足和数据基础薄弱的银行不适用此种方法。

1. 逻辑回归

逻辑回归（logistic regression）模型是计算违约概率（PD）的传统工具，其基本原理是对已有客户的违约和非违约样本进行 0，1 分类（例如，客户发生违约记为 1，客户不发生违约记为 0），根据业务规则，选取一组指标 $X = (x_1, x_2, \cdots, x_n)$ 作为解释变量。取得这些已有先验数据的样本后，将

$PD=P(Y=1|X)$ 设为客户发生违约的概率，$1-PD=P(Y=0|X)$ 为客户不发生违约的概率，那么客户发生违约和不发生违约的概率之比为 $\dfrac{PD}{1-PD}$（称为违约事件的发生比，表示为 Odds），因为 $0<PD<1$，所以 Odds>0，对这个比值取自然对数，建立线性回归方程：

$$\ln(\frac{PD}{1-PD})=\beta_0+\beta_1 x_1+\beta_2 x_2+\cdots+\beta_n x_n$$

逻辑回归的模型构建过程如图 3-2 所示，图中横轴为自变量（或解释变量）的取值，纵轴为客户违约概率，★代表违约客户样本，● 代表非违约客户样本，倾斜的直线为线性回归方程：$Z=\beta_0+\beta_1 x_1+\beta_2 x_2+\cdots+\beta_n x_n$，粗体的曲线为逻辑回归方程：$\ln(\dfrac{PD}{1-PD})=\beta_0+\beta_1 x_1+\beta_2 x_2+\cdots+\beta_n x_n$。

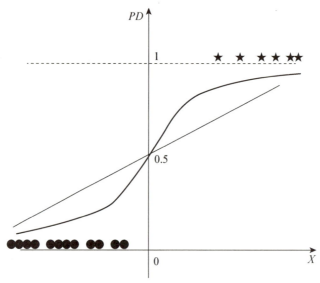

图 3-2　逻辑回归示意图

逻辑回归模型实际上是普通多元线性回归模型的推广，其误差项服从二项分布而非正态分布，因此，在拟合时采用最大似然估计法进行参数估计。

利用先验样本得出逻辑回归函数：

$$\ln(\frac{P\hat{D}}{1-P\hat{D}}) = \hat{\beta}_0 + \hat{\beta}_1 x_1 + \hat{\beta}_2 x_2 + \cdots + \hat{\beta}_n x_n$$

然后将被评级客户的相应变量 $\widetilde{X} = (\tilde{x}_1, \tilde{x}_2, \cdots, \tilde{x}_n)$ 代入上述判别分析式，就可以直接求出该评级客户的违约概率为：

$$P\hat{D} = 1/[1 + e^{(\hat{\beta}_0 + \hat{\beta}_1 \tilde{x}_1 + \hat{\beta}_2 \tilde{x}_2 + \cdots + \hat{\beta}_n \tilde{x}_n)}]$$

国内外先进银行的实践经验表明，逻辑回归分析对于估计违约概率是比较有效的。

2. 判别分析

判别分析是一种通过度量特定范畴内的因素，对事物进行预测和分类的方法。例如，判断银行客户是否会在一定时期内违约，只要能确定所有可能的影响因素，模型就可以使用这些因素在违约和非违约之间做出判别。在错判概率最小或错判损失最小的前提下，建立一个计算准则，依据该准则对给定样本的违约状况进行判别分析。

违约概率的计算属于多元判别分析，具体的步骤为：

首先，将已有客户的数据按其违约记录分为违约组和非违约组。根据业务逻辑和信贷经验，对两组样本选择相应的自变量指标形成基础数据样本。

接下来，求取一组自变量的最佳权重，使违约组和非违约组之间的分离度达到最大。其中，分离度是组内数据点距离之和与组间数据点距离之和的函数。为了便于理解，假设以三个指标 x，y，z 来计算客户的违约概率，求取这三项指标的最佳权重 a，b，c，将客户的数据样本表示为三维向量的空间点阵，如图 3-3、图 3-4 所示。求取最佳权重的几何意义是寻找一个向量，使得在沿着这个方向观察到的横截面上，违约样本和非违约样本的分离度达到最大。从统计上可以证明，不断旋转权重向量，总能找到一组权重 a_1，b_1，c_1，使违约样本和非违约样本能够最大限度地分离。由此，得到判别分析公式：$\vec{P}=a_1x+b_1y+c_1z$。

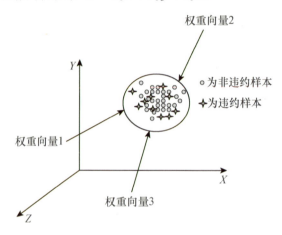

图 3-3　判别分析法指标和权重示意图

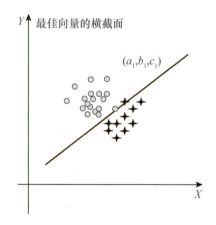

图 3-4　判别分析最佳向量的横截面

将被评级客户的相应变量 x，y，z 代入上述判别分析式，求得其与两组样本（违约样本和非违约样本）中心点的空间距离，其中距离较小表示客户与该组样本相似。由此将客户归入违约类或非违约类，并根据空间距离的远近求出被评级客户的违约概率。

3. 主成分分析

主成分分析是空间旋转构造原始变量的线性组合，它产生了一系列互不相关的新变量，从中选出少数主要变量，这些变量包含了尽可能多的原始变量信息，从而使用这几个新变量代替原始变量分析和解决问题成为可能。当研究对象确定后，变量中所含信息的多少通常用该变量的样本方差来度量。在现实经济生活中，影响违约概率的因素很多，如企业的经营状况、财务状况、还款意愿、担保品价值、政府干预等，这些因素对违约的发生有不同程度的影响。对违约概率的分析没有必要考虑所有的影响因素，运用主成分分析可以从变量的相互影响关系中提取主要因素，并根据各要素所含信息的多少确定变量关系和计算方法。

统计实验表明，该方法可以有效地确定解释变量集合，特别是在无监督学习（只有可能的自变量集合，缺乏违约记录）过程中，能够发挥逻辑回归和判别分析所不具备的功能。若与其他模型结合，通常会收到良好的效果。

4. 神经网络模型

神经网络模型是近年来发展起来的一种信用分析模型，能深入挖掘预测变量之间的关系。它的基本原理是神经网络接收一组输入信息并产生反应，然后与预期反应相比较。如果错误率超过可接受水平，则需要对权重做出修改并开始学习过程。经过反复循环，错误率可以降至可接受水平。达到持续的可接受水平后，学习过程就接受并锁定权重。因此，这种处理过程与传统的多元统计模型相似，唯一的不同之处在于，权重是经过反复试错得到的，而不是通过最优解析方式得到的。

利用神经网络模型来估计违约概率比较困难，原因主要有：计算量非常大，建模时不能利用大容量数据，因为当训练样本很大时，计算所需的时间很长，所需的空间也变得非常大；神经网络模型得到的权重通常是局部最优解，而不是全局最优解，因此对初始值的选择要求非常高；神经网络模型的解释力比较差，不容易被监管机构接受；容易产生过度拟合问题，预测力比较差。因此，商业银行基本上不会采用神经网络模型来估计违约概率。

银行估计各个评级客户的违约概率后，按照违约概率从小到大排列，然后根据业务实际和违约概率的区间对所有的评级客户进行评级。

模型校准方法论

模型校准的目标是建立评分与违约概率的映射关系，常用的映射方法是将评分分值分段，对每一段分值中的样本计算实际违约频率，违约频率作为违约概率的估计值（如图3-5所示）。当数据量较少时，可以通过插值法进行处理。模型的校准主要包括样本校准和中心趋势校准两部分。

1. 样本校准

按照统计模型的逻辑，模型输出结果就是违约概率，但是为了更精确

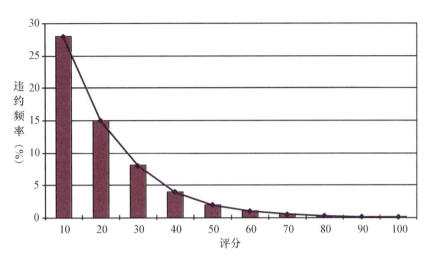

图 3 - 5　模型校准曲线

地对应，一般要进行校准，而且模型不仅有定量模块还有定性模块，校准就更有必要。

模型的校准是将最终得分和违约概率（一年期违约概率）进行映射的过程。假设最终得分和违约概率服从对数分布，即二者的映射关系通常通过下式对直方图进行曲线拟合。

$$PD(S_c) = \frac{1}{1 + \exp(\alpha + \beta \cdot S_c)}$$

2. 中心趋势校准

由于建模样本和总体样本的平均违约概率并不一致，还需要中心趋势校准。

①中心趋势的估计通常采用历史违约数据，同时预测未来的违约概率变化。

②中心趋势的决定是整个评级过程中最重要的环节，必须征得高级管

理层的同意，并且和银行的现行政策保持一致。模型的校准反映银行的风险偏好，并将影响各个敞口的风险调整收益。

③考虑到经济周期的波动等因素，中心趋势应该能够反映银行资产组合违约概率的长期平均值。

中心趋势的基本思想可以通过下式表达：

$$PD_{校准} = PD \times \left(\frac{多年总体样本历史}{平均违约概率} \div \frac{建模样本历史}{平均违约概率} \right)$$

也有理论认为，从模型应用角度看，模型违约概率应该是向前看的预测违约概率，则中心趋势的基本思想可以用下式表达：

$$PD_{校准} = PD \times \left(\frac{预期总体样本}{平均违约概率} \div \frac{建模样本历史}{平均违约概率} \right)$$

定期持续监控方法论

定期持续监控方法论主要包括定期持续监控的内容、流程和方法三个方面。相关的持续监控制度主要依据方法论来结合银行实际情况制定政策，明确持续监控做什么、怎么做、谁来做、何时做。

1. 定期持续监控的内容

定期持续监控的内容主要包括：评级治理工作情况；评级系统运作情况，包括评级流程、评级推翻情况；评级政策执行和调整情况；评级结果的准确性；评级使用情况；数据存储、管理、维护情况和数据质量；评级指标或风险变量的稳定性和预测性；评级模型的稳定性；评级分布和评级迁徙情况；评级模型使用环境的变化情况；前一验证阶段发现的风险点。

2.　定期持续监控的流程

定期持续监控的流程主要包括设定监控指标体系、实施定期持续监控和形成持续监控报表或报告。

（1）设定监控指标体系

由行内专家（包括模型专家和业务专家）通过会议和讨论的方式确定一组对内部评级计量模型的运行产生影响的监控指标，包括宏观经济监控指标、行业基本因素监控指标、模型整体表现监控指标、评级分布和评级迁徙监控指标、评级人工推翻监控指标等，以监控计量模型的表现是否能够适应当前的经济状况，是否仍在银行能够接受的范围内运行。

（2）实施定期持续监控

对于非零售风险暴露内部评级计量模型，定期由持续监控人员分析以上模型的监控指标是否发生重大变化，所发生的变化是否直接或间接影响模型的结果，影响程度如何等。

对于非零售风险暴露内部评级支持体系，定期由验证主体针对验证范围、内部评级治理工作情况、评级系统运作情况、评级政策执行和调整情况、评级使用情况等关键控制点，制定检查清单，每季度按清单内容进行核查，确保内部评级支持体系正常运作。

（3）形成持续监控报表或报告

综合各因素对模型结果的影响程度，判断非零售内部评级体系的有效性，即是否能够有效支持银行信用风险管理的稳定运行。根据监控结果对风险因素进行上调或者下调，或者利用最新信息进行重新训练和估算。

针对非零售风险暴露内部评级支持体系持续监控的情况，形成完整的文档记录，包括持续监控的范围、内容、方法、步骤、结果、报告、已识别的缺陷以及整改措施和改进情况评估等。

3. 定期持续监控的方法

定期持续监控的方法主要包括过程核查、返回检验和基准测试。

（1）过程核查

过程核查包括对内部评级以及风险参数量化是否按照设计要求运作、监控和更新评估进行核查的一系列活动。

过程核查还包括确定数据的质量、评级流程的合理性等活动，并应确保查明的缺陷得到纠正。

（2）返回检验

非零售风险暴露模型的返回检验是指比较内部评级体系预测结果与实际结果，运用数理统计工具对模型的准确性、区分能力和稳定性进行验证。

通过统计计量技术，使用 PD 实际值检验其内部模型的估计结果。

（3）基准测试

基准测试是对模型结果进行返回检验的补充验证方法，也是对低违约资产组合的风险参数量化进行验证的一种有效方式（详见第 11 章）。

从验证工作的角度来看，基准测试指银行将对风险参数的估计结果与通过其他估计方法得出的估计结果（基准）进行比较，来验证估计结果的准确性。

非零售客户评级打分卡优化的实施方案

基于上一章介绍的非零售客户评级打分卡优化的方法论，本章以项目为例，讨论非零售客户评级打分卡优化的实施方案，并着重讨论层次分析法的业务应用。层次分析法与传统的逻辑回归、决策树等统计方法互为补充，特别是针对非零售资产使用专家判断法的银行，层次分析法可以有效地使银行内部评级覆盖资产的比例满足监管要求。

非零售客户评级打分卡优化的实施方案一般遵循表 4-1 所示的步骤。

表 4-1   项目实施步骤

项目实施步骤	
1. 项目启动会	在项目启动会上，介绍有关本项目的具体内容、实施方案、团队以及本项目中银行相关部门应提供的支持等
2. 访谈与文档复核	• 高管层访谈 • 相关部门访谈 • 文档复核
3. 打分卡现状评估	通过案头分析开发文档和对总分行相关情况的调研，评估打分卡的表现，根据非零售客户评级打分卡投入使用以来的情况，提出需优化的打分卡和需优化的方面
4. 打分卡优化	根据评估与验证结果，结合银行的实际情况，选取评级结果表现不好且客户数占比以及信贷余额占比较大的打分卡进行重点优化，并对选定的打分卡设计具体的优化方案；结合行内信贷系统的实际情况，提出业务需求说明；协助银行建立非零售客户评级持续监控管理制度，并提出持续验证和优化的数据需求和数据管理标准

项目启动会

在项目启动会上，介绍非零售信用风险客户评级打分卡优化项目的内容、实施方案，并分享打分卡优化经验和同业经验等。

访谈与文档复核

1. 高管层及相关部门访谈

高管层访谈：了解银行的最新风险战略，了解银行期望打分卡优化项目达到的目标，听取高管层对项目的总体期望，保证项目成果与高管层的总体战略方向和目标保持一致。

风险部访谈：重点了解打分卡的开发方法、策略、流程、验证等与打分卡优化项目相关的情况和存在的问题。

信贷管理部访谈：了解信贷管理部工作流程，重点了解打分卡在信贷审批、信贷管理等流程中使用的方式和存在的问题。

公司业务部访谈：了解公司业务部工作流程，重点了解打分卡在客户选择、市场准入等方面的使用情况和存在的问题。

信息科技部访谈：了解打分卡所使用数据的数量、质量，数据质量确保机制；了解应用和配置打分卡的信贷或风险管理系统情况；整体了解信贷及风险管理相关系统所采集的与评级相关的数据，以及可能用于未来验证和优化的相关业务数据情况。

2. 文档复核

重点审阅前期的开发文档，通过文档复核明晰客户评级打分卡的开发方法、策略和流程，对打分卡推广和使用中的经验及问题进行分析，掌握客户评级打分卡上线以来的评级情况。

打分卡现状评估

通过案头分析开发文档和对总分行相关情况的调研，评估打分卡的表现，根据非零售客户评级打分卡投入使用以来的情况，提出需优化的打分卡和需优化的方面。

1. 确定测试样本客户清单

工作流程：

①银行提供历史客户及现有客户的行业分布情况统计资料。

②根据银行提供的客户统计资料，综合考虑访谈过程中的发现和反馈以及各行业的客户数量占比、信贷余额占比情况，与银行确定要测试的主要行业打分卡。

③与银行确定抽样方法（优先抽取有外部评级的客户），根据抽样方法抽取各行业打分卡的测试样本客户（抽取上线以来的所有数据，每张打分卡选 20～50 个客户）。收集对比检验数据的同时为优化后的打分卡对比检验做好数据储备。

2. 确定内外部业务专家对客户信用水平的评级基准

工作流程：

如果有外部评级的客户数充足，以客户的外部评级作为评级基准进行对比检验。

如果有外部评级的客户数不足，可由本行专家运用银行内部评级模型对有外部评级的非本行客户评级进行对比检验；或选择某外部评级模型对本行客户评级进行对比检验；或本行专家对已不是本行客户但有旧评级的客户运用新评级模型对评级进行对比检验。

如果有外部评级的客户数不足，但银行新旧评级体系并行时客户同时有新旧评级数据，则运用并行期客户的新旧评级数据进行对比检验。

对比检验如需要动用专家资源，步骤如下：

①与银行讨论业务专家的选择标准（所评估行业的复杂程度、从业年限、客户评级的稳定性、从业资格等）。

②银行根据选择标准选择行内外业务经验丰富、熟悉市场环境、了解具体行业客户风险特征的业务专家（3～5 人）。

③由确定的专家根据银行评级框架的评级定义，为测试样本进行专家主观认定评级，并按照主观认定评级结果对测试样本客户进行排序。

3. 计算基准测试量化结果 Spearman 秩相关系数

根据 Spearman 秩相关系数的计算公式计算各行业打分卡客户内部评级与专家判断得分的 Spearman 秩相关系数。

4. 向银行提交非零售客户评级打分卡运行情况报告

根据获得的结果形成非零售客户评级打分卡运行情况报告。

打分卡优化

根据评估与验证结果，结合银行的实际情况，选取评级结果表现不好且客户数占比以及信贷余额占比较大的打分卡进行重点优化，并对选定的打分卡设计具体的优化方案；结合行内信贷系统的实际情况，提出业务需求说明。

1. 选择专家判断打分卡优化策略

根据银行拥有的专家资源和可获取的外部资源确定专家判断打分卡优化策略（层次分析法、专家集中讨论法、专家调整专业机构打分卡）。

2. 建立专家标准和专家库

与银行讨论确定建立行内和行外各个行业信审专家遴选标准（如所评估行业的复杂程度、从业年限、客户评级的稳定性、从业资格等），使专家在对风险因素重要性的两两比较中做出正确合理的选择。协助银行收集本行内部和同业银行的相关专家信息，并建立银行专家库，记录专家的具体信息。

3. 专家遴选和问卷调查

工作流程：

①提出打分卡的指标池。

②根据指标池设计专家调查问卷。

③银行协助下发调查问卷，收集专家对指标池进行指标增减的意见，增减指标需提出合理理由。

④银行回收专家问卷。

4. 问卷分析

①对专家问卷调查的结果进行统计分析。

②剔除专家判断一致性不高的指标。

③对专家问卷中建议增减的指标，统一征求专家组意见确定是否增减。

④确定打分卡最终指标。

5. 运用统计分析法确定入模变量和权重

根据银行的实际情况，采用层次分析法科学地计算出各指标的权重。层次分析法的具体步骤如图 4-1 所示。

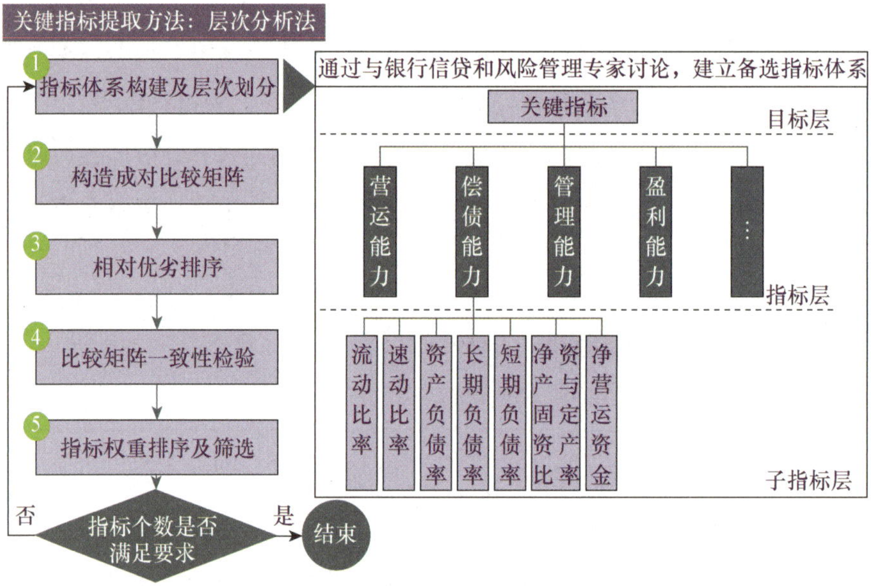

图 4-1　层次分析法的流程（a）

（1）指标体系构建及层次划分

将有关因素按照不同属性自上而下分解成若干层次，同一层的诸因素从属于上一层的因素或对上层因素有影响，同时又支配下一层的因素或受到下层因素的影响。最上层为目标层，通常只有一个因素；中间可以有一个或几个层次，通常为准则或指标层；最下层通常为子指标层。

通过与银行信贷和风险管理专家讨论，从影响债务人违约的因素中提炼出指标层，如营运能力、偿债能力、管理能力和盈利能力等。指标层建立后，进一步将其指标分解为子指标层，如将偿债能力分解为流动比率、速动比率、资产负债率等。

（2）构造成对比较矩阵

对专家进行培训，明确问卷调查的目的、填写问卷时的重要性评分规则、风险指标体系结构、各指标风险的含义、注意事项等，以避免填写过程中的失误和遗漏。其中，对风险指标体系结构和各指标风险含义方面的充分培训是有效控制数据质量的必要条件，使专家在比较两个指标时充分理解其含义，如果是中间层指标，还应了解其下层指标结构。

提供打分卡优化模板对于从属于（或影响）上一层每个因素的同一层诸因素，用成对比较法和 1～9 比较尺度构造成对比较矩阵，直到最下层。

银行专家运用打分卡优化模板将子指标两两比较，给出子指标对上层指标的重要性的相对比较值。

回收打分卡优化模板，通过比较值生成成对比较矩阵。

例如：指标层中的发展能力有三个子指标，分别为主营业务收入增长率（X_1）、主营业务利润增长率（X_2）和资本积累率（X_3），根据专家判断和重要性量化比对表，如果主营业务收入增长率比主营业务利润增长率略重要，则成对比较矩阵元素 $a_{12} = 3$，采用同样的办法可确定 a_{13}，a_{23}，如图 4-2 所示。

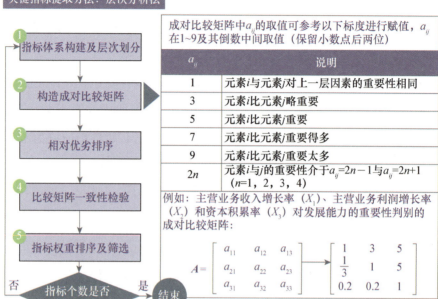

图 4 - 2   层次分析法的流程（b）

（3）相对优劣排序

运用打分卡优化模板计算成对比较矩阵的最大特征根及对应的特征向量，并将特征向量元素由大到小排序，子指标对应的特征向量元素越大，其相对于上一层指标越重要，否则越不重要。

成对比较矩阵特征值和特征向量的计算流程如图 4 - 3 所示。

（4）比较矩阵一致性检验

检验成对比较矩阵是否满足一致性要求。如不满足，需与银行专家讨论原因，并根据讨论结果调整比较矩阵。

检验成对比较矩阵一致性的步骤如图 4 - 4 所示。

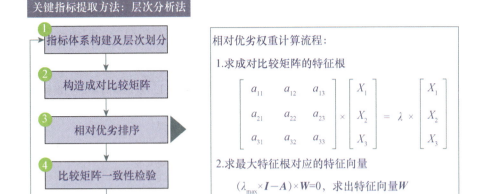

图 4 - 3 层次分析法的流程（c）

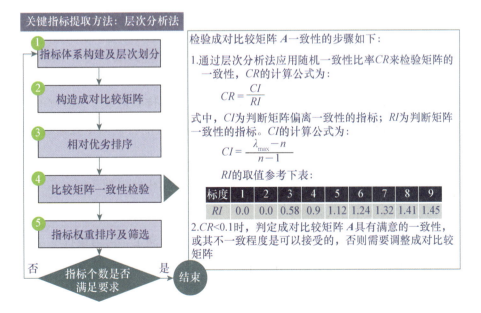

图 4 - 4 层次分析法的流程（d）

（5）指标权重排序及筛选

首先，将已确定权重的子指标按权重大小由高到低排序，取前 n 项指标，使其累计权重超过一定阈值（经验数据为 90%）；然后，对这些指标再次进行专家判断和层次分析，如此反复循环，最终确定 8~10 个关键指标及其权重。

指标筛选流程如图 4-5 所示。

图 4-5　层次分析法的流程（e）

6. 形成打分卡优化建议

基于前两步的结果，形成最终的打分卡模型。

将结果与现行打分卡进行对比，提出打分卡优化方案。

7. 模型校准

通过模型校准（包括设定中央趋势、刻画校准曲线和评级映射）将打分卡的得分映射到符合银行实际情况的评级。

8. 优化后打分卡验证

对优化的打分卡进行验证，验证的方法和流程与打分卡现状评估相同。

9. 模型调整/确型

根据上一步验证的结果对优化后的打分卡进行调整，确定打分卡的最终形式，并投入试运行。

10. 提出信贷系统业务需求

为保证信贷系统业务需求落地和可操作，结合银行信贷系统打分卡目前的实际情况，基于优化后的打分卡结构、指标和权重调整情况，提出信贷系统业务需求报告。

11. 建立非零售客户评级持续监控管理制度并提出持续验证和优化的数据需求及数据管理标准

根据监管要求和行业实践，结合银行的实际情况，制定非零售客户评级持续监控管理制度，使银行对非零售客户评级的监控工作例行化和常态化；提出持续验证和优化数据需求及数据管理标准，使银行能够持续收集相关数据，并满足打分卡后续验证与优化的要求。

第 5 章 / *Chapter Five*

内部评级建设常见误区释疑

内部评级是指商业银行使用自己的评估系统，对信贷客户进行评级以及对银行风险资产进行监测的信用管理活动。内部评级体系建设周期长、难度大、专业性强，中国银行业在内部评级实施过程中除遇到各种复杂情况和挑战外，还存在许多误区和疑问。笔者针对中国国有银行、股份制商业银行、城市商业银行在实施内部评级过程中银行实施人员经常提出的有代表性的几个问题尝试做出回答。

什么是数据？

顾名思义，数据是能够反映业务实际的数，其中"数"是指已经或可以量化的业务，"据"是指业务的凭据和经验。只要有真实业务发生，就会有"数"和"据"。只是有些数据尚未被收集和整理，分散在新系统、老系统、台账、信贷档案等地方。这也是所有大银行开始做内部评级时普遍存在的情况。经营多年的银行肯定有超过 5 年的数据，只是需要花一些时间，通过科学合理的方式进行收集、清洗。其中，有很多客户与银行打交道的历史行为数据，以及客户经理维护客户的有效的经验数据，在很多情况下这些是反映客户风险特异性最为重要的数据。数据是否充足、可信，是否可用于建模，必须经评估和检验之后才能决定。

信用风险内部评级到底做什么？

第一步，收集和整理银行所有反映业务现实和经验的"数"和"据"，也就是数据收集。在此步骤中，需要收集全行系统内和系统外的数据，以及业务人员的经验。数据收集阶段是最关键也最耗时的，约占内部评级建设 70％以上的时间，也最需要对业务有深入了解和丰富的经验。若不做此项工作，搭建内部评级法框架就是空中楼阁，无法实施。

第二步，对收集的数据进行分析，去伪存真，去粗存精，即数据清洗。这要求银行不仅有科学的方法和良好的工具，而且要对业务深入了解，这样才能识别真伪，去除虚假和噪声数据，建立一个能真实反映业务状况和经验的"数""据"集合，来开发和检验揭示风险规律、预测风险的模型。

第三步，进入建模阶段。建模就是根据前两步得到的数据，采用统计模型（定量数据质量满意）、专家判断打分卡（定量数据质量不满意）或二者相结合的方法建立内部评级模型或模板。

第四步，对所建立的评级模型或模板，采用内部数据、外部数据或专家排序的方法进行验证。如果验证准确度能达到 60％以上，说明这个模型或模板对银行客户的排序能力较强，得出的评分和评级基本上符合逻辑，比如好客户评分高，差客户评分低。

第五步，进一步计量风险，即估计客户的违约概率（PD）。虽然有了比较准确的评分或评级，就可用于客户准入、授信审批、信贷政策制定方面（这是内部评级的核心应用范围），但为了进一步计量风险，再采用内部违约经验法、统计模型法或映射外部评级法，把评分或评级映射到 PD 上。在求 PD 的过程中，监管机构要求使用不少于 5 年的数据，用于计算监管资本的 PD 估计值必须是反映经济周期的长期平均违约概率。如果银行能获得更长时期的历史数据，应采用更长的历史观察期，但不能将计算监管资本对风险参数估计的数据时间要求等同于对内部评级的要求，特别是不能教条地认为数据积累不满足计算监管资本的时间要求就不能开展内部评级。

第六步，评级应用。如上所述，有了评分或评级，就可以在客户准入、授信审批、信贷政策制定等核心应用范围使用。而估计了精确的 PD 之后，就可以在贷款定价（定价时 PD 用于计算贷款的风险成本）、限额管理、风险加权资产（risk weighted assets，RWA）计算、经济资本和风险调整后资本收益率（risk adjusted return on capital，RAROC）计算（绩效考核）等高级应用范围使用。

为什么要做信用风险内部评级？

从前述内部评级应用可以看出，内部评级体系上线以后，并不仅仅是为了资本充足率达标，而是要对整个信贷流程进行革命性提升。从贷前、贷中、贷后（包括客户选择与准入、授信审批、定价、限额管理、风险监控、贷后管理、贷款清收）整个流程的运作模式，到前、中、后台各部门的管理方式都会更加客观高效。从四大国有银行定量测算的结果来看，相对于权重法，内部评级法能节省 10％～25％的监管资本，而且对银行业务转型以及管理方式转型有极大的推动作用。

信用风险建模能否用一个变量来预测风险，关键指标的选取需注意哪些问题？

风险建模的一个重要原则就是用尽可能少的变量尽可能准确地预测风险。若单个变量能够很好地反映客户的风险状况，理论上可以用一个变量预测风险。但现实情况是，对于信用风险来说，基本不可能通过一个指标反映客户风险状况，特别是在专家模型中，很难用一个定性指标或一个定量指标反映所有问题。建模时，一般会在规模、盈利能力、偿债能力、发展能力、营运能力等指标类别中每类至少选择一个指标。而关于这些指标对风险的区分能力、准确性和稳定性，需要持续监控和定期验证。

在设计打分卡时，可以简化打分卡。打分卡的设计理念越简单越好，尽量使用能反映更多风险的少量指标，而不是运用一堆指标，因为分行没有那么多数据。尽可能用少的指标去最大限度地反映风险，这样可以大大提高模型的可维护性和使用性。另外，在设计模型时要把一线专家的真知灼见科学地筛选出来，然后进行检验，如果检验之后觉得行之有效，即可投入使用。

从理论上讲，可以应用于内部评级的指标很多。常用的财务指标中有100 多个能够直接或间接地用于企业信用风险评价，但实际上评级模型的指标个数并不是越多越好。在初始阶段由少到多地增加解释变量，有助于提高模型的风险识别能力，但当解释变量个数超过一定阈值时，模型的预测能力就会下降，模型的稳定性会随着指标的增多而呈现下降趋势。随着指标个数增多，不仅会出现统计上的过度拟合问题，还会增加信息收集成本，同时降低系统的透明度，不利于业务人员理解和使用模型。

从近年来我国银行业的实践经验看，公司客户 PD 模型的解释变量最好在 8～10 个，公司客户 LGD 模型的解释变量最好保持在 6～8 个，个人信用评级模型的解释变量一般在 15～20 个。关键指标的选取方法则需要根据历史数据和违约数据以及方法对数据要求的高低来确定（见表 5 - 1）。

表 5 - 1　　　　　　　　评级模型/打分卡关键指标选取方法

选取指标的方法	客观性	分析基础	适用范围
主成分分析	完全定量分析	样本数据	有历史数据但无违约记录
回归分析	完全定量分析	样本数据	有历史数据和违约记录
条件回归分析	以定量为主	样本数据＋专家意见	有历史数据和违约记录
层次分析	以定性为主	专家意见	无历史数据

资产组合验证中的定性因素有哪些？

从合规的角度看，定性因素主要关注模型开发过程是否很好地掌控模型的优点和缺点等模型风险，在应用过程中是否通过制度、办法或定性的经验等减少模型风险。在一开始模型表现不好的情况下，不能百分之百地依赖模型，比如很多银行最初 60％依赖人工，即采用基本面分析方法对模型进行调整。在模型持续使用 2～3 年之后，评级的推翻率较低以及模型表现良好时，就可以更多地依赖定量模型。

定性主要是从控制模型风险的角度来说的，因为专家判断本身涉及的大多是定性的指标，更多地通过人工来观察。但设计模型时要求定性指标定量化，比如高管层的管理能力不能只用高、中、低来描述，应设计一个指标，比如在这个行业工作 10 年或 5 年等。这样，模型比较容易检验，不会成为随机模型而无法检验。在考虑定性因素时要进行调研，去分支行、业务部门进行访谈，看看模型应用中是否有问题，能否通过好的建模方法把一线工作人员好的经验筛选出来。因此，访谈的目的一是了解模型应用，二是了解一线工作人员好的经验，将来在设计指标池时加以考虑。对于小微企业，千行千样、千地千样，全行不应只有一个打分卡。我国各地的信用差异较大，比如在山东，威海、青岛、烟台与省内中部城市的信用差别是很大的。

在违约数据不足时，如何运用数据增强的方法进行建模？

目前国内银行建模时常用的数据增强方法有：资产组合合并、延长违约窗口期和违约替代等。其中，资产组合合并方法比较直接，即将不同地区、不同行业分别建模的数据进行整合，统一建模。详见第 11 章对数据增强方法的阐述。

如何准确理解"内部评级法""高级方法""资本管理高级方法"等称谓的内涵？

《资本办法》已于 2013 年 1 月 1 日起正式实施，它整合了《巴塞尔资本协议 II》和《巴塞尔资本协议 III》，形成了中国版的新资本协议。为了统一概念，方便实施，《资本办法》对高级方法的内涵做了规范，高级方法包括信用风险内部评级法、市场风险内部模型法和操作风险高级计量法，其中内部评级法又分为初级内部评级法、高级内部评级法；同时，《商业银行实施资本管理高级方法监管暂行细则》又进一步将第二支柱内部资本充足评估程序与第一支柱资本计量高级方法统称为资本管理高级方法。

简言之，高级方法是商业银行根据《新资本协议》的要求，选择使用内部模型来计量风险和监管资本的方法。商业银行在体制机制、计量模型、数据 IT 等各方面满足实施条件，经监管部门核准后，方可采用高级方法计算风险加权资产和资本充足率。

关于经济资本的计算有何方法？

经济资本的计量目标是模拟出考虑行业、地区、规模等相关性后的组合损失分布，主要方法有结构化模型法、精算法、监管资本替代法（严格来说，监管资本替代法不能完全算经济资本计量方法）等。在国内，目前还没有银行能够设计出科学合理的经济资本模型。在实务中，国内金融机构通常运用替代方法构建经济资本的框架，根据金融机构的风险偏好、业务战略对监管资本进行调整来替代经济资本，或者设计有针对性的情景测试和压力测试来近似拟合经济资本，并运用相关系数矩阵汇总计算结果来替代经济资本，作为业务应用的参考。在国外，由于数据相对比较充足，市场上有比较成型的经济资本计量模型，比如穆迪公司的 PM 系统可用于计量信用风险经济资本。但是，其参数来自国外上市公司股价、财务和违约数据，根本不适合国内的经济情况，而且该系统的价格很高。中国人寿集团购买了国外用于计算经济资本的系统，对经济资本进行了模拟运算。

由于系统要用几十万个经济情景来拟合资本的损失分布，而且输入端的假设、参数众多，每计算一次经济资本耗时相当长，计算结果对输入端的数据变化也非常敏感，计算结果的差异非常大，因此中国人寿目前在业务应用方面没有依据经济资本系统计算的结果，依然使用传统的压力测试作为替代方法计算经济资本来指导业务实践。

集中度风险评估的落脚点是在架构体系设计还是在计量方面，有什么建议？

评估集中度风险，需要评估风险计量、管理甚至业务的战略和绩效引导等可能对集中度风险带来的潜在影响，这是架构体系可能对银行未来集中度造成的影响；在计量方面，需要评估目前计量模型和集中度管理方法是否有效捕捉（当前状态）和控制了集中度风险。因此，既要构建合理的集中度管理体系，防止集中度风险的出现，又要有合适的集中度风险计量方法，以便对其进行评估和监测。在评估集中度风险时，可进行组合分析，从行业、地区和规模三个维度来做集中度评估。一般认为，如果某一组合的集中度超过 30％（由风险偏好确定阈值），则可能是高集中度的组合。然后，分析该组合在当下和 3 年的资本规划期间，是否会成为高风险行业，即其是否会带来超出正常水平的非预期损失。

银行可以根据风险偏好定制集中度评估框架和工具，通过组合分析，评估高集中度组合是否需要额外增加资本。若银行的高集中度组合未来处于高风险行业，且组合调整灵活性差，则可能带来额外非预期损失，需要额外资本覆盖；若银行的高集中度组合虽处于高风险行业，但组合调整灵活性好，且银行有配套的体系制度确保迅速做出反应，则不一定会给银行带来额外非预期损失，可不需要额外资本覆盖，但需向监管机构说明理由。

银行信用风险管理实施范围的大致内容是什么，内部评级法实施成功的关键因素有哪些？

依据国内外先进银行的良好实践，满足监管要求、以持续提高银行风险管理能力为目的的信用风险管理蓝图如图5-1所示。

信用风险管理任重而道远，从图5-1中可以看出，建立完整、严格、一致的数据集市和以债务人评级及债项评级为基础的二维内部评级体系，是银行信用风险管理的重中之重，只有建立起符合监管要求和先进实践的内部评级体系，才可以实现定量化的信用风险管理。

信用风险管理的更高目标是将内部评级灵活应用于信贷审批、限额管理、产品定价、拨备计提、监控预警以及绩效考核等实际业务，建立以经济资本为基础的资本管理体系，并实现灵活积极的资产组合管理，通过衍生产品降低组合风险。根据国内外先进银行的实践，信用风险管理的实施路径包括五个阶段，如图5-2所示。

从国内外先进银行的实践来看，在实施信用风险内部评级法过程中，通常存在诸多困难。内部评级法的成功实施取决于以下关键因素：

1. 风险区分能力和实用性的选择

按照监管部门的要求，银行在实施内部评级过程中要对各类风险暴露进行有效区分，但在实践中，风险区分能力和评级系统的实用性之间常常

数据基础建设	内部评级体系 与风险计量模型	业务 应用	资本评估 与管理	风险 治理	报告与 信息披露

图 5 - 1 国内外先进银行信用风险管理蓝图

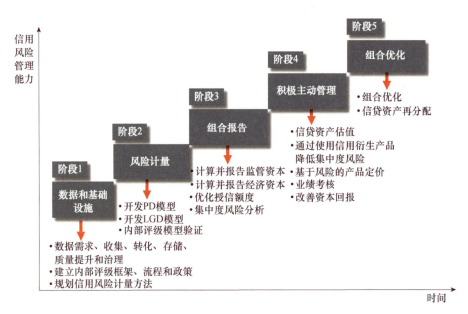

图 5 - 2　信用风险管理的实施路径

存在矛盾。如何在风险区分能力和实用性之间进行有效取舍决定着内部评级能否成功实施。

2. 了解使用的环境

在模型/打分卡开发初期，对模型使用者进行全面了解至关重要，只有清楚地了解使用者的现有知识水平、风险偏好、信贷作业流程，才能开发出符合实际信贷工作需要的模型/打分卡。

3. 风险管理文化的转变

国内银行业普遍存在以规模控制为主、依靠计划指令、使用层层分解指标的方式控制风险敞口的风险管理文化，如何向《资本办法》和内部评级法所倡导的以风险评级、风险预警、资产组合分析以及各类风险缓释技术为主线的风险管理文化转变，是银行走向先进风险管理行列的重要前提。

4. 及时全面的文档管理

按照监管部门的要求，银行应书面记录内部评级体系的设计、内部评级过程、评级标准以及模型方法论、使用范围等。及时全面的文档管理不仅仅是为了监管合规，更是为后续模型/打分卡的设计实施，乃至整个内部评级体系的建立奠定坚实的基础。

5. 高级管理层的支持和参与

董事会及高级管理层的强力支持对内部评级法的实施至关重要。确定信用风险管理战略、制定模型开发策略等重要决策均需要董事会及高级管理层的积极参与。

6. 强化风险计量模型的开发、验证、审计中各部门的职能和责任

实施内部评级法的技术核心是建立科学的风险计量模型，该模型的效率取决于其能否正确反映和评估银行业务中存在的各类风险。监管部门要求银行能够证明所选择的风险计量方法符合本行资产特征，并定期对风险计量模型和支持模型应用的政策、流程等体系进行验证，关注模型开发、使用以及验证过程中各部门和岗位的职能和责任。

7. 数据和 IT 系统

数据质量管理和 IT 系统建设是实施内部评级法非常重要的基础工作，

是各项工作具体落地的保障。《新资本协议》的出台充分暴露了银行原有数据和 IT 系统的问题，在欧洲掀起了一场"数据革命"。图 5-2 所示的信用风险管理的实施路径中，第一个阶段就是数据和基础设施建设。而我国银行实施《资本办法》的投入之中 60% 以上用于改善数据和 IT 系统。只有完整、严格、一致的数据标准和相应的数据平台和信息系统，才能够为《新资本协议》的实施提供及时、准确和全面的数据支持。

8. 风险计量结果的使用测试和持续改进

根据监管部门的要求，风险计量模型正式投产前，全面验证报告将作为内部评级体系投入使用的审批依据，并作为定期持续监测指标阈值的确定依据。银行应定期持续监控并评估内部评级体系及其风险计量模型的表现，通过基准测试等验证手段来评估现行评级体系与其他评级结论的差异，并根据验证结果持续改进风险计量模型。

9. 与监管部门的沟通

实施内部评级法是一项庞大的系统工程，涉及外部资本监管和银行风险内部控制的方方面面。《资本办法》明确了总体政策框架，它带动、引导和促进中国银行业在内部评级领域中的技术交流。银行应保持与监管部门的积极沟通，及时获得监管机构的认可和帮助。

时点评级法及跨周期评级法等
方法与实践

商业银行为实施资本计量高级方法，需要开发各种信用风险模型，预测债务人的违约概率，以及信用风险暴露或贷款违约损失率（loss given default，LGD）和违约风险暴露（exposure at default，EAD）。为开发符合要求的违约概率模型，银行必须重新设计内部风险评级体系。在此过程中，银行需要确定各种违约概率计量值是属于时点评级（point-in-time，PIT），还是属于跨周期评级（through-the-cycle，TTC），或者是两者的混合模式，以满足多元化的监管和内部风险管理目标。要想建立会计准则、金融风险管理和银行监管之间的联系，评级哲学的选择与整合问题是前提和基础。因此，本章专门对评级哲学选择的方法与实践问题进行论述。

理论背景

《新资本协议》希望在一个完整的金融周期内保证稳定的资本水平，

避免银行所持有的资本随着经济条件的变化而发生剧烈变化。其第 414 条规定：尽管估计违约概率的时间跨度是一年，希望银行评级时最好使用更长的时间跨度。第 415 条规定：借款人评级必须反映在遇到不利经济状况或发生预料之外的事件时，银行对借款人按照合约履行偿债能力和愿景的评估……评级时考虑的经济状况必须与当前状况以及在经济周期内各自行业/地区可能发生的状况一致。也就是说，预期损失中违约概率的估计并不随经济条件变化而发生显著变化，仅反映违约概率在一段时间内的主要趋势，这体现出跨周期评级法的特点。

国际会计准则下的贷款损失准备金规则规定，要反映现有的经济条件，以时点估值或同周期为基础。国际会计准则理事会（International Accounting Standards Board，IASB）于 2014 年 7 月发布了《国际财务报告准则第 9 号——金融工具》（IFRS 9），在减值问题上的主要目标是给报表使用者提供关于金融工具预期信用损失的有用信息，因此 IFRS 9 采用了前瞻性的预期损失模式，确认预期信用损失并在报告日更新预期损失金额，以反映信用风险的变化。同时，IFRS 9 对所有需要考虑减值的金融资产（包括按摊余成本计量的金融资产、以公允价值计量且其变动进入其他综合收益的债权性金融资产、应收租赁款、应收账款、贷款承诺和金融担保合约等）采用相同的减值处理方法。IFRS 9 的减值模式提供了两类重要信息：一是关于预期信用损失，所有相关金融资产在初始确认时即确认未来12 个月的预期信用损失（12-month expected credit loss），以后期间信用风险若有重大增加，则需确认全期预期信用损失（lifetime expected credit loss）；二是取决于金融资产减值情况的利息收入。国际会计准则下的时点估值是以一组风险敞口的现有实际违约行为为基础建立和计算的，时点估值往往波动性大并且与经济周期有很强的依附关系。

《新资本协议》和国际会计准则这两种规则在时间跨度和定义上的差异，导致了违约概率形态的不同。《新资本协议》下预期损失的违约概率曲线平滑均匀，体现长期趋势；国际会计准则下的贷款损失准备违约概率曲线波动大，具有较强的顺周期性。

差异体现

IASB 发布的 IFRS 9 与巴塞尔银行监管委员会（Basel Committee on Banking Supervision，BCBS）制定的《新资本协议》相比较，差异主要有两点：

一是 IFRS 9 有两种减值损失评估时段要求，当风险较低或风险处于稳定状态时只需要评估未来一年内的减值准备，当出现减值迹象时需要评估剩余生命周期内的减值损失。而《新资本协议》只要求评估未来一年内的减值风险。

二是 IFRS 9 只要求评估时点性的风险，而《新资本协议》要求评估跨周期性的减值风险。

IASB 与 BCBS 进行了积极沟通，BCBS 对实施 IFRS 9 提出了一些建议，主要包括：

（1）利用前瞻性与宏观信息

当计算预期减值损失时，需要尽可能利用前瞻性信息与宏观经济信息。这将特别有助于提高以组合方式管理的信用风险资产的效率和准确性。

（2）有限变通简化

准则制定者考虑到 IFRS 9 的实施成本，并不要求会计主体穷尽搜索未来所有可能以建立复杂的减值模型或者输入尽可能多的参数，允许会计主体做适当简化。但是 BCBS 提醒会计准则使用者将变通和简化限制在合理范围内。

总之，《新资本协议》要求银行计算长期跨周期的违约概率，目的在于让所计算的参数考虑一个完整经济周期中可能的损失。因此，《新资本协议》下预期损失的违约概率在较长时间内保持稳定、波动较小。国际会计准则下的违约概率则更贴合经济形势的变化，呈现出较大的波动性，即使经过平滑处理，与实际值仍有较大差异。

时点评级体系和跨周期评级体系的选择和建立

时点评级法和跨周期评级法各有优劣，从监管角度看，确保金融系统的稳定和安全是第一目标。银行在保有的资本波动性过大的情况下，尤其是在经济下行时期，为满足监管资本要求必然压缩信贷投放规模，这将对实体经济产生较大负面影响，如果银行没有充足的流动性确保持有足够的监管资本，甚至会产生系统性风险。所以，监管部门更偏好保持稳定充足的监管资本，这就意味着不论是巴塞尔委员会，还是各国监管部门，在评级方法的选择上会更倾向于跨周期评级体系。

从国内外商业银行的实践来看，很少有银行使用跨周期评级法，部分银行使用混合评级方法，大部分银行使用时点评级法。造成这一现实的原因主要有以下几点。

一是出于成本收益的考虑。跨周期评级法所要求的监管资本较高，虽有利于金融稳定，但其成本比较高。银行是追逐利益的经济部门，需要为股东增加价值。选择时点评级法可以降低监管资本需求量，有利于实现收益最大化的目标。

二是银行使用时点评级法与选择的违约概率模型有关。一般专家判断评级方法更倾向于跨周期评级法，以市场信息为主的统计模型则倾向于时点评级法。有时，企业信用等级变动较少，时点评级法也会被误认为是跨周期评级法，这主要是评级模型的输入变量变动性较小的缘故。例如，以年度财务信息为主要输入变量的评级模型就存在这样的问题。如果银行使用的违约概率模型大多为结构性模型，如 KMV 模型，此类违约概率模型以市场信息作为主要输入变量，并且随着市场信息的波动而波动，这样就形成了时点评级法。

三是银行对于评级结果有多种使用目标。时点评级法在银行内部风险管理中的应用范围较广，包括贷款定价、风险监测、经济资本配置、限额管理、收益分析等方面；而跨周期评级法主要应用于长期信贷决策、确定监管资本需求等方面。

四是相比时点评级体系，跨周期评级体系更难建立。时点评级体系可以利用企业的所有信息和宏观经济信息建立，而建立跨周期评级体系需要将长期因素和周期性因素分离，确保违约概率模型所考虑的因素与系统性因素没有关联。这会增加建立跨周期评级体系的工作量，维护成本也较高，从而造成跨周期评级法的实际应用范围较小。

时点评级体系和跨周期评级体系的转换对接策略

为适应银行风险管理和业务经营的多重需要，商业银行需建立时点评级（PIT）-跨周期评级（TTC）双重评级体系。而我国商业银行开展内部评级的时间普遍较短，大多以定性为主，缺乏定量基础。从内部评级体系建设策略来看，在实施《新资本协议》之初，可先建立混合型评级体系，即在时点评级的基础上融入压力测试等，考虑经济周期可能对违约概率产生的影响，确保信用风险管理的准确性和所保有的监管资本的充足性；或建立时点评级与跨周期评级的转换对接关系，待实施条件成熟后再过渡到时点评级-跨周期评级双重评级体系。

　　跨周期评级体系与时点评级体系的对接，是长期平均值与时点实际值的对接，是回归与逆回归的过程。从时点评级出发，可以通过移动平均得到跨周期预期损失下的长期违约概率。以跨周期预期损失为基础进行对接，过程更复杂，需要在长期趋势线上拟合经济周期变化对违约概率的影响。

1. 跨周期因子的调整

　　商业银行一般会以时点为基础开发违约概率模型，这样做的好处是便于建模和模型验证，但前提是违约概率呈线性分布。根据线性分布的概率特征，使用历史数据确定跨周期因子，并将之作为基础时点违约概率模型的调整系数。跨周期因子通过计量方法确定，并充分考虑经济周期的长度。

　　对于此类预期损失模型，对接调整过程相对简单，只需将跨周期因子从违约概率中去掉即可。例如，假设贷款的违约概率呈线性分布，某银行预期损失模型是在时点违约概率的基础上乘以 β 的跨周期因子取得的。由预期损失出发进行对接，仅需将违约概率除以 β 即可。

$$EL^{*}=EL\div跨周期因子=EL\div\beta$$

2. 违约概率曲线轧差

　　跨周期违约概率和时点违约概率是两条不同的概率曲线，前者平稳，后者波动。在保证其他因素不变的前提下，银行可通过将同一时点两条曲线上的违约概率相除作为跨周期的调整系数。对接前，首先测算预期损失下的违约概率分布曲线（多数情况下采用5～10年移动平均的方法），然后测算时点下的违约概率分布曲线。在资产负债表日或对接日，对两条曲线上的违约概率分别取值，即 $PD_{时点}$ 和 $PD_{跨周期}$。二者相除得到调整系数，在此基础上进行数据对接。

$$EL^* = EL \times (PD_{时点} \div PD_{跨周期})$$

这一调整的优点在于，可以准确计算跨周期评级下的预期损失和时点评级下的数值差异，为成功对接提供坚实的数据基础；缺点是调整比较被动，只是确认数据之间的差异结果，并不能说明差异的产生原因。

3. 建立多因素模型

跨周期预期损失下的违约概率消除了经济周期变化的影响，是对时点违约概率的一种移动平均。由跨周期预期损失向时点预期损失对接，即消除移动平均对违约概率的影响，将经济周期中的具体变化因素纳入考察范围，是一个逆平均的过程。在两条曲线不易获得的情况下，可考虑通过多因素模型模拟经济周期的变化，从而找到可量化的对接方法。

具体而言，要找出完整经济周期中对违约概率产生影响的经济变量，主要包括国内生产总值（GDP）、居民消费价格指数（CPI）、货币供应量、利率、再贴现率等宏观经济指标。根据银行跨周期预期损失的周期跨度假定一个长期均衡水平，对各指标设定均衡值，如 GDP 增幅为 7%，CPI 为 3%，利率保持稳定。其中，各指标可采用真实数值，也可采用虚拟变量（如果降息，参数为 0；如果升息，参数为 1）。跨周期违约概率是长期均衡状态下的标准值，时点违约概率则可通过各种变量的变化去求解。通过回归的方式求出各种变量的违约概率量化模型，并结合历史数据不断对模型进行验证和维护。

$$PD_i = \alpha + \beta \times GDP_i + \theta \times Int_i + \delta \times M2_i + \cdots$$

式中，GDP 指国内生产总值；Int 指利率；M2 指广义货币供应量。逆平均模型应包括尽可能全面的经济变量，并能通过标准变量的设定求出预期损失下的标准违约概率。通过两者的对比可以在跨周期违约概率的基础上主动模拟周期变化的影响，而非被动地通过轧差求出数值。但数据的准确性依赖于模型的精度，需要不断通过实证对模型进行维护。

《新资本协议》与 IFRS 9 的转换对接策略

《新资本协议》要求的是跨周期性一年期违约概率，而 IFRS 9 要求的是时点性违约概率期限结构。比较理想的应对策略是运用自下而上的信用风险久期模型（duration model），通过大数据学习，建立从债务人当前状况到未来信用风险动态的较为复杂的多维非线性映射，以远期违约概率为基石，预测违约概率动态过程，从而产生前瞻的违约概率期限结构。在目前条件尚不成熟的情况下，银行可通过信用评级转移矩阵将跨周期性一年期违约概率转成时点性违约概率期限结构。

小　结

本章通过对时点评级-跨周期评级概念的讨论，阐述了整合时点评级-

跨周期评级的细节和设计思路。虽然讨论主要针对对公信用风险，零售对公业务在数据和应用方面存在一定的差异，但该方法适用于商业银行不同类型的债务人和资产组合。

　　本章的主要结论是，商业银行要想同时满足内部风险管理、《新资本协议》和会计准则等方面的要求，必须有多维度违约概率解决方案。而整合时点评级-跨周期评级体系受两方面因素的驱动：一是商业银行实现多重目标的需求；二是时点评级与跨周期评级存在的可计量的差异。

　　对中国银行业来说，商业银行在数据、信息系统、人员、经验等方面与国际同业相比仍有较大差距，时点评级-跨周期评级的转换对接工作更具艰巨性、综合性和创新性。因此，中国银行业需要积极应对挑战，借鉴国际同业先进经验，克服数据、系统、人员等多方面的困难，为转换对接创造条件。

中小银行联合实施内部评级的方法与实践

中小银行联合实施内部评级在我国个别地区（江苏、山东）已经或正在积极开展，积累了一定的经验。本章专门对联合实施内部评级的有关问题进行论述。

巴塞尔委员会第 6 期新闻公报（2005 年 9 月）指出：与其他银行或市场参与者共建数据池，使用其他外部数据源以及市场上的风险估计值，是弥补商业银行内部数据不足的有效方法。银行需要集合内部数据资源来满足内部和监管部门的要求，因此，在理论上，共建数据库、使用外部数据和市场上的风险参数，在适当情况下都是数据增强的行之有效的方法，尤其是对小规模资产组合和新开办特定资产业务的银行。

根据业界的经验，多家银行联合建立并实施信用风险内部评级管理体系，需要从数据基础、模型开发、评级流程、内部应用、评级验证等多个维度进行全面分析和评估，建立具有可操作性的实施方案，实现共性与个性的辩证统一。

中小银行面临的挑战

对于中小银行而言，《资本办法》的实施意味着严峻的挑战，而在内部评级体系建设方面，以下三方面的挑战尤其突出。

1. 数据量的差距

客户样本少：中小银行总体客户数少，建模时可使用的数据样本规模与大银行有很大差距。

数据长度短：中小银行一般在数据积累方面比较欠缺，可能造成可用的数据年份较少。

2. 数据质量的差距

数据治理：中小银行投入数据治理的资源较少，建模所需数据缺失值较多，需要大量人工补录。

数据质量：人工补录可能造成数据误差；另外，中小银行的中小型客户占比较大，客户填报财务数据的可信度、真实度和完善程度不如大型客户理想，影响数据质量。

3. 数据内容完善程度的差距

系统之间的数据接口：银行业务系统繁多，根据管理部门的分工，数据通常存储在不同的系统中。中小银行系统之间的数据映射接口一般不如大型银行完善，造成数据关联的困难和数据质量的降低，进一步导致建模的数据基础很差。

中小银行面对挑战，在构建内部评级体系时应重点考虑：一是在中小银行建立内部评级体系模型时适当降低对数据的依赖程度；二是与区域内的银行建立业务合作关系，实现银行间差异互补；三是在开发模型的过程中建立数据管理机制，强调数据采集、整理、清洗和持续积累的重要性。

联合实施的要点

联合实施既要抓住共性的问题，又不能忽视个性问题，中小银行内部评级模型开发中统一实施的内容建设需要兼顾共性问题与个性问题，需关注的要点如下：

①统一数据标准与数据质量要求。

②统一进行开发与验证。

③统一评级流程。

④统一开发评级系统。

⑤统一的模型应用方法论。

但要同时兼顾参与银行的个性：

①模型校准与主标尺。

②模型验证的特定领域。

③评级流程与授信流程的结合。

④评级应用的各个参数的确定。

1. 信用风险内部评级数据基础需关注的重点

（1）新旧系统转换

各成员行信贷系统情况不同，部分成员行可能存在因新旧系统转换而导致历史数据缺失的问题。

（2）原数据标准

联合实施各成员行的信贷系统相互独立，开发的厂商或系统版本存在差异，导致模型开发所抽取的数据存在标准不统一的情况。

（3）财报数据

各成员行现有系统的财报数据通常存在缺陷，影响模型开发的效率和效果。

①财报信息不准确或财报日期不满足建模数据时间要求。

②系统外的财报以纸质档案为主，准确性差。

③某些银行系统外财报数据缺失。

（4）数据长度

数据观察期应涵盖一个完整的经济周期。

对于上述问题，需基于评估结果统一规划，有针对性地制定解决方案，完善各成员行的信贷系统，或在数据集市（以某个应用为出发点建设的局部数据仓库）层面进行数据标准化建设。

2. 信用风险模型开发的同质性与异质性分析

在联合实施模式中，各家银行的数据积累时间跨度可能会参差不齐。有的银行的数据可以追溯至较早年份，有的银行只能追溯到最近年份。联合开发需要首先证明对于各家银行来说，其他银行的数据都可视作其内部数据，或作为外部数据具有可比性。如果各家银行存在较大的同质性，可将它们作为一个整体。

然而目前国内没有一套公认的证明数据同质性的方法论，主要从行业情况、地理位置、经济发展水平、产业结构、客户群体等多个维度对数据的同质性和异质性进行评估，并针对异质性提出切实可行的解决方案。

下面以山东省城市商业银行合作联盟有限公司（以下简称山东城商行联盟）为例加以说明。

（1）地理位置（部分银行示例）

山东城商行联盟的各家成员行的客户群体所处区域彼此接壤，如图7-1所示。

图7-1　山东城商行联盟成员行所处区域接壤示意图

（2）行业情况（部分银行示例）

山东城商行联盟的部分成员行的资产结构如表7-1所示。

表7-1　　　　　　　山东城商行联盟部分成员行的资产结构示例

银行	各行排名前三的贷款行业及其占比		
东营银行	制造业 47.59%	批发和零售业 30.24%	建筑业 7.87%
威海很行	制造业 45.85%	批发和零售业 15.58%	水利/环境/公共设施管理 5.63%

续前表

银行	各行排名前三的贷款行业及其占比		
泰安银行	制造业 41.42%	批发和零售业 25.63%	采矿业 7.81%
烟台银行	制造业 25.74%	批发和零售业 16.63%	租赁/商务服务业 7.74%

（3）经济发展水平

山东城商行联盟 15 家成员行中，部分银行所在地经济发达，如烟台、枣庄、潍坊、济宁、泰安、东营、德州有下辖县市入围全国百强，还有部分成员行所在地经济发展水平略低，可见各成员行的经济实力存在一定差异。

另外，这些银行存在一定的异质性，即使异质性很小，也不可忽略，需要将这种异质性作为联合建设的理论基石，并针对异质性提出切实可行的解决方案。例如：模型开发中，充分考虑异质性在各行内部评级模型中长期中心违约趋势（central tendency，CT）上的反映，分别校准并分别开发主标尺（见图 7-2）。

主标尺					
成员 1		成员 2		成员 3	
级别	PD 上限	级别	PD 上限	级别	PD 上限
AAA	0.1%	AAA	0.1%	AAA	0.1%
AA	0.2%	AA	0.25%	AA	0.3%
A	0.5%	A	0.7%	A	1%
BBB	1.2%	BBB	2%	BBB	3%
BB	2%	BB	4.6%	BB	7%
B	2.7%	B	6%	B	10%
CCC	3.5%	CCC	9%	CCC	16%
CC	9%	CC	15%	CC	20%
C	25%	C	25%	C	25%
D	100%	D	100%	D	100%

图 7-2　联合开发的内部评级模型中校准主标尺示例

3. 信用风险模型的验证

由于模型开发是联合实施的，因此对于模型的验证工作也应考虑联合展开，但应基于不同维度的特点。模型验证的三个维度，即区分能力、准确性和稳定性（详见第 2 章）无法采用统一实施的方法，需要进行差异化处理（见表 7 - 2）。

表 7 - 2　　　　　联合开发内部评级模型的验证差异化处理示意

	统一实施的方法	独立实施的方法
区分能力	√	
准确性		√
稳定性		√

苏南八家农商行联合实施内部
评级项目的经验分享

江苏省银监局协调组织苏南地区的张家港农商行、常熟农商行、太仓农商行、吴江农商行、昆山农商行、无锡农商行、江阴农商行和江南农商行等八家农商行联合实施《新资本协议》，进展情况如图 7 - 3 所示。

下面以江南农商行为例，介绍苏南八家农商行联合实施《新资本协议》的步骤，如图 7 - 4 所示。

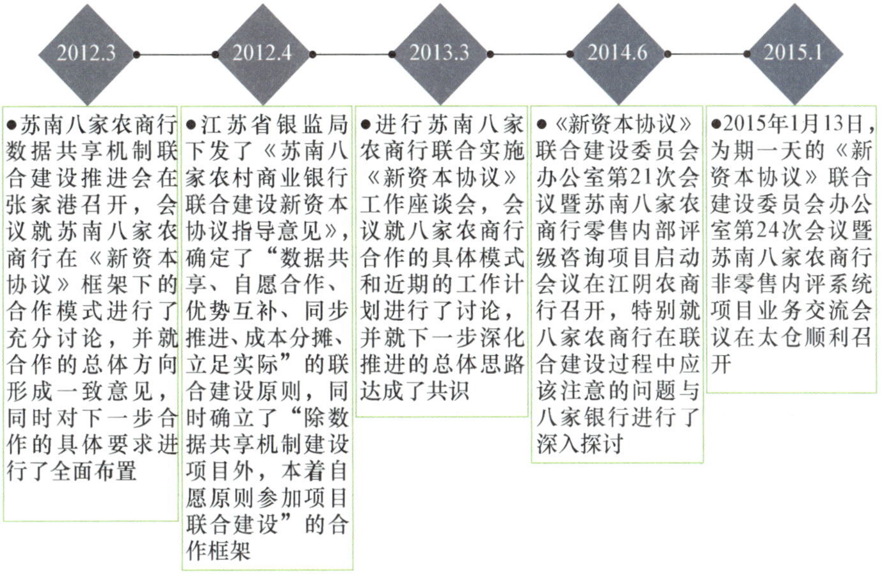

| 2012.3 | 2012.4 | 2013.3 | 2014.6 | 2015.1 |

●苏南八家农商行数据共享机制联合建设推进会在张家港召开，会议就苏南八家农商行在《新资本协议》框架下的合作模式进行了充分讨论，并就合作的总体方向形成一致意见，同时对下一步合作的具体要求进行了全面布置

●江苏省银监局下发了《苏南八家农村商业银行联合建设新资本协议指导意见》，确定了"数据共享、自愿合作、优势互补、同步推进、成本分摊、立足实际"的联合建设原则，同时确立了"除数据共享机制建设项目外，本着自愿原则参加项目联合建设"的合作框架

●进行苏南八家农商行联合实施《新资本协议》工作座谈会，会议就八家农商行合作的具体模式和近期的工作计划进行了讨论，并就下一步深化推进的总体思路达成了共识

●《新资本协议》联合建设委员会办公室第21次会议暨苏南八家农商行零售内部评级咨询项目启动会议在江阴农商行召开，特别就八家农商行在联合建设过程中应该注意的问题与八家银行进行了深入探讨

●2015年1月13日，为期一天的《新资本协议》联合建设委员会办公室第24次会议暨苏南八家农商行非零售内评系统项目业务交流会议在太仓顺利召开

图 7-3　苏南八家农商行联合实施《新资本协议》进展情况

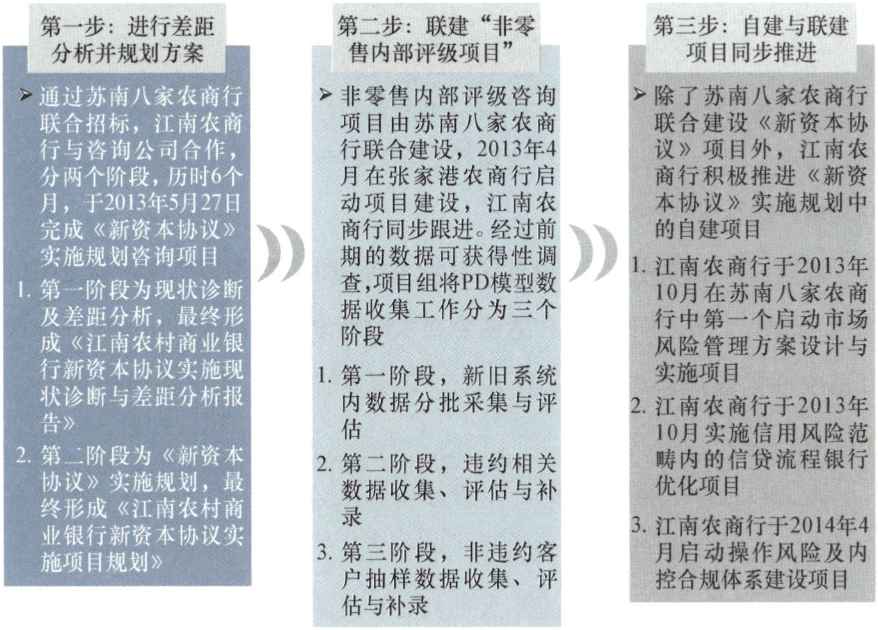

第一步：进行差距分析并规划方案

➤ 通过苏南八家农商行联合招标，江南农商行与咨询公司合作，分两个阶段，历时6个月，于2013年5月27日完成《新资本协议》实施规划咨询项目

1. 第一阶段为现状诊断及差距分析，最终形成《江南农村商业银行新资本协议实施现状诊断与差距分析报告》

2. 第二阶段为《新资本协议》实施规划，最终形成《江南农村商业银行新资本协议实施项目规划》

第二步：联建"非零售内部评级项目"

➤ 非零售内部评级咨询项目由苏南八家农商行联合建设，2013年4月在张家港农商行启动项目建设，江南农商行同步跟进。经过前期的数据可获得性调查，项目组将PD模型数据收集工作分为三个阶段

1. 第一阶段，新旧系统内数据分批采集与评估

2. 第二阶段，违约相关数据收集、评估与补录

3. 第三阶段，非违约客户抽样数据收集、评估与补录

第三步：自建与联建项目同步推进

➤ 除了苏南八家农商行联合建设《新资本协议》项目外，江南农商行积极推进《新资本协议》实施规划中的自建项目

1. 江南农商行于2013年10月在苏南八家农商行中第一个启动市场风险管理方案设计与实施项目

2. 江南农商行于2013年10月实施信用风险范畴内的信贷流程银行优化项目

3. 江南农商行于2014年4月启动操作风险及内控合规体系建设项目

图 7-4　苏南八家农商行联合实施《新资本协议》的步骤

1. 苏南八家农商行联合实施《新资本协议》的创新与亮点

①自上而下建立联合组织架构，成立联合建设协调小组、联合建设委员会，八家银行派驻现场经理合署办公，降低沟通成本，保障项目实施。

②搭建八家银行间数据平台，从科技上保障数据顺利整合。数据共享包括数据上传、数据处理、模型开发到数据下载的整体数据流程。

③通过同质性与异质性分析，从理论上保证方案的合理性。

苏南八家农商行的数据积累的时间跨度参差不齐，有的银行数据可追溯至 2006 年，有的只能追溯到 2010 年，如果能够证明对一家银行来说，其他七家的数据都可视作其内部数据，即八家银行可作为一个整体，数据采集的时间段将满足银监会对最低时间跨度的监管要求。

之前，国内没有银行联合实施内部评级法的先例，因此没有一套公认的证明数据同质性的方法论，苏南八家农商行联合建设委员会从行业、城市、交通、经济发展水平、产业结构、客户群体等多维度对数据的同质性和异质性进行了评估。

通过分析，苏南八家农商行拥有较大同质性、较小异质性，但是不能忽视异质性。需要将异质性作为联合建设的理论基石，并对异质性提出有针对性的解决方案。

2. 利用联合建设的数据优势，开发统计模型或专家判断打分卡

苏南八家农商行联合建设内部评级法的最大优势就是数据整合，这提供了丰富的建模样本数据。基于大量相对客观的数据，利用统计方法进行模型开发，模型分类的总体框架如下：

（1）一般公司类客户

①需要根据数据分析，从规模和行业两个维度来决定模型分类（模型分类需要在风险区分能力、对风险暴露的覆盖、可行性以及可靠性之间进行权衡和取舍，例如：对特殊行业进行行业细分、行业合并、区域细分、区域合并）。

②需要根据模型分类后违约样本的数量来决定是开发统计模型还是开发专家判断打分卡。

（2）其他公司类客户（事业单位、新建企业、申请专业贷款*的机构）

①一般不需要从规模角度进行细分。

②一般以建立专家判断打分卡为主，不依赖违约数据分析。

（3）金融机构类客户

①一般以建立专家判断打分卡为主，不依赖违约数据分析。

②需针对成员行的需要对金融机构进一步细分。

3. 开发动态自动化分档技术，从效率上保证分析的可行性

指标分档及 Logit 转换方法（见表 7 - 3）。

表 7 - 3　　　　　　　　　　指标分档及 Logit 转换表

档位	分档值	违约数	总数	Logit 值
1	0.07	15	826	−3.990 22
2	0.13	18	829	−3.807 9
3	0.18	15	827	−3.991 45
4	0.24	16	829	−3.928 14
5	0.30	17	827	−3.863 82
6	0.36	9	827	−4.509 64

---

* 专业贷款包括四种类型：项目融资、物品融资、商品融资、产生收入的房地产。

续前表

档位	分档值	违约数	总数	Logit 值
7	0.43	13	828	−4.138 24
8	0.52	9	826	−4.508 41
9	0.66	1	827	−6.716 59
10	0.78	3	832	−5.621 61

Logit 转换即对指标分档，计算各档 Logit 值并观察 Logit 值随指标值变化的趋势。各档位内指标的 Logit 定义如下：

$$Logit = Log[PD \div (1-PD)]$$

式中，PD 的计算方法为：对各财务指标按指标值从小到大等分为 10 档，每个分档内 PD＝分档内违约观察数/分档内观测总数。

对于正向指标，指标值越大时 Logit 值越小；Logit 图的斜率越大，说明指标的区分能力越强。Logit 图越近似于直线，说明单指标与违约关系越接近逻辑函数关系。

苏南八家农商行在联合建设中开发了动态自动化分档建模技术，有效解决了海量数据分析困难这一问题。

4. 应用遗传算法分析工具，从技术上解决样本缺乏的难题

即使苏南八家农商行联合建设，也存在低违约敞口，而且这些敞口缺乏建模样本。对于模型开发中权重确定的难点，苏南八家农商行并非采用传统的专家经验方法或层次分析法，而是收集了大量样本数据，基于实际数据，利用遗传算法进行线性规划分析，从中找出区分度高的模型方案。具体方法如下：

权重测算的目的是寻找一组最优的权重组合 $(\beta_1, \beta_2, \cdots, \beta_n)$，使模型总得分

$$\text{Total Score}=\beta_1\times F\text{Score}_1+\beta_2\times F\text{Score}_2+\cdots+\beta_n\times F\text{Score}_n$$

的排序与基准评级的排序能够获得最高的相关性，即 Spearman 秩相关系数最大化。

　　求解这样的权重组合的方法包括穷举法算法和迭代算法。基于迭代算法的规划求解方法具有很高的运算效率，是兼具高稳定性和广泛适用性的优化方法。这种算法是适用于低违约组合建模的一种有效方法。

　　例如：优化目标为 Spearman 秩相关系数最大化。

　　设置约束条件，包括：

　　①权重下限：3%。

　　②权重上限：指标个数小于 15 时，上限为 15%；指标个数超过 15 时，上限为 10%。

　　③权重之和：100%。

　　苏南八家农商行采用基于迭代算法的规划求解模型，对指标权重组合的演算结果如表 7-4 所示。

表 7-4　　　　　　　　　　算法演算结果示例

	净资产	销售收入	ROE EBIT	利润率	速动比率	…	总得分	分数排序
权重下限	3%	3%	3%	3%	3%	…	权重加权	Spearman 秩相关系数
权重	8%	3%	4%	3%	6%	…	100%	53%
权重上限	10%	10%	10%	10%	10%	…		

山东城商行联盟成员行联合实施内部评级项目的经验分享

　　2012 年以来，银监会陆续颁布了《资本办法》等一系列监管文件，要求商业银行于 2018 年年底前使基于全面风险管理体系建设的资本充足率合规达标，其中内部评级体系的建设是全面风险管理体系建设的核心环节。

但基于已经通过或正在接受监管机构验收的银行的经验，结合山东省城市商业银行的特点和业务规模，如果单家城市商业银行单独实施《资本办法》，主要面临以下难点：一是各自实施《新资本协议》的成本压力大，据山东银监局汇总的数据，辖内城商行各自实施《新资本协议》的直接成本合计达 10 亿元；二是风险资本管理专业人才匮乏，难以有效推动《新资本协议》在本行实施；三是在数据标准化以及有效性方面符合监管要求难度较大；四是开发风险管理系统的经验不足，落地有难度；五是难以借鉴省内同业经验，无法节省实施时间。

为了克服山东省城市商业银行实施过程中的困难，应山东省城市商业银行合作联盟有限公司各股东行的要求，由联盟牵头组织各行，共同推进《资本办法》的落地实施（以下简称联合实施）。

虽然目前国内已有苏南八家农商行联合实施《新资本协议》的成功经验，但是山东城商行联合实施仍然会面对独特的困难和挑战。

第一，各成员行情况不一，风险管理水平千差万别，适合代表行的实施方案可能无法解决其他各行风险管理的薄弱环节和难点。

山东城商行的联合实施规划在征求意见阶段设计为"先集中，后分散"的工作模式。从项目整体上看（如建设非零售内部评级体系），先集中在联盟（或代表行）进行需求确定甚至标准化产品研发，之后到各家成员行试用，满足个性化需求并加以改进。但是各城商行所处地域不同、规模大小不一，业务结构和客户行为千差万别，各行信贷投放也各不相同，战略更不尽相同。由于风险的特异性，各行的风险管理能力和客户结构与代表行不会完全相同。代表行的实施方案的定位会比较高，其他银行可能无法实施，即使实施也可能无法解决其风险管理的不合规之处或业务的薄弱环节。总之，山东省内各城商行的情况与苏南八家农商行具有较大同质性、较小异质性的情况有很大差异。

第二，山东城商行联盟的实施情况与苏南八家农商行有很大不同。

首先，八家农商行同处苏南，地域、规模、业务结构和客户行为差异较小，而山东城商行联盟各成员行所处的地域、规模、业务结构和客户行为差异很大。其次，苏南八家农商行为解决各自业务流程差异、管理制度差异、组织架构差异和风险偏好差异问题，统一进行了流程建设，山东城商行联盟同样会面临类似的问题，在联合实施前必须先解决差异问题，但具体的解决办法会有所不同。最后，苏南八家农商行是联合实施与各自实施同步推进，联合建设主要涉及的是非零售内部评级项目，而山东城商行联盟成员实施的内容更广，基本涵盖《资本办法》的内容。

第三，部分项目联合实施，部分项目自主实施，在参与行间进行统一协调面临巨大的挑战。

对于《资本办法》的实施，各行的诉求各不相同，有的银行想早实施，有的银行想晚实施。如果联合实施，一家银行的进度会影响其他银行的进度，同时还会增加与行外的沟通协调，进而增加整个项目实施过程中的协调难度。为了保证联合实施，项目推进过程中必然会偏向于大银行的利益，中小银行的想法可能得不到照顾。而有的时候，大银行也要照顾小银行的利益，这样就会削弱各家银行实施的自主性。例如，就联合实施风险数据治理项目而言，各行的数据源并不一致，特别是信贷数据大都来自信贷系统，而各行并非采用同一家公司开发的信贷系统。如果参与联合实施，为了保证统一制定的数据治理架构、制度、流程等适合某行的实际情况，以及保证数据治理方案在某行的落地实施，某行可能需要进行大范围的个性化需求落地工作，对系统进行大规模修改，甚至是更新换代，以满足其他行模板的要求，可能会因此大幅增加实施成本，有可能出现比单独实施成本更高的情况。

为应对联合实施所面临的挑战，加快联合实施的步伐，构建满足《资本办法》要求的全面风险管理体系，加强《资本办法》联合实施项目合作开发的规范化管理，确保项目保质、按期地顺利进行，经统筹各方意见与建议，山东城商行联盟制定了联合实施方案。实施方案主要包括以下几方面内容。

1. 联合实施的原则

（1）整体规划与分步实施相结合

联合实施参与行共同制定整体规划，并设置分步实施步骤和阶段目标。参与行按照规划路线与进度要求开展工作，确保联合实施稳步推进。

（2）数据共享与信息独立相结合

联合实施参与行建立数据共享机制，为实施和应用资本计量高级方法奠定基础。同时通过数据清洗、权限设置等手段，满足参与行信息保密的需求，确保参与行保持信息独立。

（3）统一建设与独立建设相结合

联合实施涉及治理架构、政策流程与信息系统等内容，对其中标准化程度较高的内容采取统一建设的方式，对于在各行实际应用中差异化、个性化的内容仍然由各行独立建设，统分结合、协调推进。

2. 联合实施的内容

（1）联合实施参与行独立建设内容

独立建设内容主要包括以下三部分：一是各行差异化、个性化程度较高的部分，例如治理架构、政策流程的优化；二是与业务流程密切相关的系统建设，例如信贷系统优化改造；三是监管要求角色独立、不适合纳入统一建设的内容，例如内部审计。

对于独立建设内容，参与行可参照联合实施的整体规划做适当调整。联合实施参与行应根据自身情况设定具体规划内容，并与整体规划对接。

（2）统一建设内容

联合实施的最终目的是通过数据共享实施资本计量高级方法，提升参与行的全面风险管理能力。因此，统一建设内容着眼于高级方法的实施和应用，并将标准化程度较高且处于关键路径的项目纳入其中。统一建设的切入点或首要项目是风险数据质量管理，并依次包含风险数据集市、风险加权资产等，最终完成信用风险初级内评法。

（3）统一建设模式

统一建设的各项目，采用统一招标、统一咨询、统一开发的"三统一"策略。统一建设各项目由联盟统一具体负责，根据需要组织招标咨询公司、信息系统供应商。

统一建设各项目采取集中与分散相结合的建设模式，例如数据治理项目将集中讨论并制定数据标准，联合实施参与行按数据标准要求分别对各相关数据源系统进行优化改造。

联盟指定足够的专职人员，负责统一建设各项目的研发和落地工作，同时对联合实施参与行提供咨询和指导等服务。

（4）独立建设和统一建设的关系

独立建设和统一建设项目共同构成了联合实施的内容。联合实施参与行独立建设的内容也是联合实施的一部分，联合实施参与行应将规划、进度、成果等情况向联合实施管理部门汇报，以便协调推进，确保按规划达成阶段目标。联合实施管理部门统筹协调各行独立建设项目的进度。

3. 联合实施组织架构

联合实施是一项长期、系统的工程，需要各方高度重视、密切配合。为确保联合实施顺利推进，设置两个层级的组织架构，其中包括联合实施参与行和联盟共同组建联合实施层的管理机构，以及联合实施参与行与联盟分别设置相应的管理协调机构。

（1）联合实施层的管理机构

联合实施层由参与行、联盟共同设立联合实施领导小组、联合实施推进办公室，分别负责管理决策与具体执行。

（2）联合实施参与行和联盟各自的管理协调机构

联合实施参与行参照联合实施层的机构设置，在行内设置相应的领导小组与推进办公室，管理和推动各行的独立建设项目，并与联合实施协调配合。同时，联盟设置联合实施协调小组，具体负责统一建设项目的实施。

4. 联合实施项目规划方案（示例）

在联合实施方案的基础上，联盟制定了独立建设和统一建设规划表，如表7-5所示。

联合实施整体规划项目时间表如图7-5所示。

表 7 - 5　独立建设和统一建设规划表

项目编号	项目名称	项目内容	实施周期	时间安排	各行独立建设	联盟统一建设
1	数据治理与数据集市		6~8个月	2015.9—2016.2/2016.4		是
2	操作风险体系和系统		6~8个月	2016.3—2016.8/2016.10	是	
3	对公信用风险内评（含系统）	风险参数计量系统开发　打分卡	4~5个月	2016.5—2016.8/2016.9		是
		应用	2~3个月	2016.10—2016.11/2016.12		是
4	零售信用风险内评（含系统）		4~6个月	2017.1—2017.4/2017.6	是	是
5	信用风险缓释（押品系统）		3~5个月	2016.8—2016.12		是
6	标准法市场风险管理体系和系统		2~3个月	2015.10—2015.12	是	
7	RWA一期系统		3个月	2016.5—2016.7		是
8	RWA二期系统		3个月	2019.1—2019.3		是
9	流动性风险和银行账户利率风险体系		8个月	2017.1—2017.8		是
10	ICAAP(内部资本充足评估程序)		6~8个月	2017.5—2017.12	是	
11	信息披露		2个月	2018.1—2018.2	是	
12	验证		3个月	2019.4—2019.6	是	
13	审计		7个月	2019.4—2019.10	是	
14	合规评估与申请	操作风险标准法	12个月	2018	是	
		信用风险内评法	12个月	2020	是	
15	PMO(项目群管理)		全程	2015.9—2018.9		是

项目性质	项目名称	2015年				2016年				2017年				2018年				2019年				2020年			
		Q1	Q2	Q3	Q4	Q1	Q2	Q3	Q4	Q1	Q2	Q3	Q4	Q1	Q2	Q3	Q4	Q1	Q2	Q3	Q4	Q1	Q2	Q3	Q4
联盟统一建设	数据治理与数据集市				6~8个月																				
	对公信用风险内评 (打分卡、计量、系统)						4~5个月																		
	零售信用风险内评 (含系统)								4~6个月																
	信用风险缓释 (押品系统)						3~5个月																		
	RWA一期系统						3个月																		
	RWA二期系统																	3个月							
	流动性风险和银行账户利率风险体系								3个月																
	PMO													3年											
各行独立建设	操作风险体系和系统						6~8个月																		
	对公信用风险内评 (应用)							2~3个月																	
	标准法市场风险管理体系和系统			2~3个月																					
	ICAAP										6~8个月														
	信息披露												2个月												
	验证															3个月									
	审计																		7个月						
	合规评估与申请												12个月							12个月					

图 7-5　联合实施整体规划项目时间表

《资本办法》的实施是国际银行业发展的趋势，是中国银行业监管的方向。实施《资本办法》是实现全面风险管理能力的基础，全面风险管理能力是打造一流商业银行的核心和关键，其水平的高低直接决定着银行的兴衰成败，而联合实施《资本办法》对于山东省城市商业银行的发展具有重大意义。从国内实践来看，同等规模城市商业银行联合实施《资本办法》在我国尚属首例，江苏省的江苏银行、南京银行、长江银行联合实施《资本办法》只是名义上的联合，实际上是各自实施《资本办法》；江苏省苏南地区的八家农商行形成联合实施的联盟体，虽然本着"数据共享、自愿合作、优势互补、同步推进、成本分摊、立足实际"的建设原则，成功推动了《资本办法》在各行的落地实施，但其成功实施的条件和银行的规模与山东城商行联盟的情况差异很大。因此，山东城商行联盟在联合实施的过程中会总结出适合自身的独特方案，并为未来全国其他地区更大范围的联合实施提供宝贵的经验。

压力测试的方法与实践

内部评级体系的构建不是一劳永逸的，它需要根据经济环境的变化、银行经营环境的变化不断进行调整。压力测试作为银行风险管理和监管分析的一种工具，用于分析假定的、极端的但可能发生的不利情景对银行整体或资产组合的冲击程度，进而评估其对银行资产质量、盈利能力、资本水平和流动性的负面影响。根据银监会颁布的《资本办法》附件 5 "信用风险内部评级体系治理结构的监管要求"，压力测试要参与内部评级体系验证，这有助于银行对其内部评级体系的适用性做出评估与判断，采取必要措施满足银行自身风险管理和外部监管的要求。因此本章专门论述压力测试的有关问题。

压力测试的发展情况

自 20 世纪 70 年代布雷顿森林体系（Bretton Woods System）解体以来，尤其是进入 90 年代，国际经济的复杂性和金融体系的波动性日益增加，国际组织、监管部门和金融机构对风险管理的要求不断提高，金融业的压力测试技术应运而生。

　　压力测试最初被提出并正式运用始于 1996 年《巴塞尔资本协议》的修正。自此开始，这一方法越来越多地在国外金融机构的风险管理中得到应用，如《巴塞尔新资本协议》（Basel Ⅱ）、《欧盟保险偿付能力监管标准Ⅱ》（Solvency Ⅱ）中都对压力测试的应用提出了具体要求。2008年金融危机爆发后，压力测试更为各国金融监管部门和金融机构所重视。2009 年 5 月，巴塞尔委员会还专门发布了《稳健压力测试实践和监管的原则》，明确提出"压力测试应成为一家银行整体治理和风险管理文化的组成部分"。受金融危机的影响，2009 年美国政府和欧盟监管部门分别对全美 19 家大型银行和欧盟 22 家大型银行进行了一次全面的压力测试。

　　国内方面，2004 年，由中国人民银行牵头成立了金融部门评估规划（financial sector assessment programme，FSAP）自评估小组，自评估小组对银行业、证券业及保险业分别开展了压力测试，迈出了我国自评估的第一步。2009 年 10 月，为了加强商业银行的流动性风险管理，银监会对外发布《商业银行流动性风险管理指引》，要求商业银行至少每季度进行一次常规压力测试，分析银行承受压力事件的能力，同时对商业银行的流动性进行管理，以应对和预防流动性危机，发挥压力测试方法在流动性风险管理方面的作用。目前，我国银行业已经逐步建立起压力测试方法在风险管理方面的统一规范与执行机制。2014 年，银监会制定了《商业银行压力测试指引》，对银行业压力测试相关方面进行了规范。该指引规定银监会及其派出机构负责对商业银行压力测试工作进行监督检查，并有权要求商业银行针对特定风险，按照统一要求进行压力测试，报告测试结果。

理论研究方面，国外的研究较早、文献较多，国内文献则相对较少。归纳起来，国外文献主要关注压力测试的重要性、使用方法、执行频率，以及压力测试与 VaR 方法的关系、压力测试可采用的测试情景等方面，目前已经形成较为成熟的理论体系。国内部分学者针对压力测试的必要性、目的与作用、使用方法等做过一些有益的理论探讨，有些学者还运用压力测试方法进行了实证分析，但总体而言还未形成符合国内实际的理论体系。香港金融管理局监管政策手册中的压力测试部分介绍了压力测试的背景、程序、技术及压力情景等压力测试应包含的诸多元素，是我国较为全面系统的压力测试文献。

压力测试概念

目前国际上并无统一的压力测试定义，国际证券监督管理委员会组织（International Organization of Securities Commissions，IOSCO）、国际清算银行巴塞尔银行全球金融系统委员会（BIS Committee Global Financial System，BCGFS）、国际货币基金组织（International Monetary Fund，IMF）等国际组织，及中国银保监会、香港金融管理局等国内组织都有自己的压力测试定义。

综合分析压力测试的各种定义，可以发现尽管表述不尽相同，但绝大多数机构认为压力测试是对计量一般风险的非预期损失或 VaR 等手段的补充，重点考察风险分布尾部的极值部分*，如图 8-1 中的点 a 和点 b。进一

---

　　* 压力测试方法也可以应用到非预期损失覆盖的冲击事件，如图 8-1 中的点 c。此时，压力测试是一种广义的理解。

步而言，压力测试是考察极端但有可能出现的风险冲击所产生影响的计量技术，目的是通过评估冲击的影响，确定应采取的管理措施以及需要持有的财务资源或经济资本。

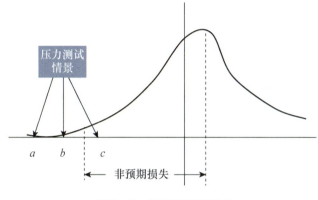

图 8-1　压力测试示意图

压力测试流程

压力测试作为金融机构加强风险管理的一项重要工作，其决策流程不是静态的、封闭的，而是一个动态的控制循环，如图 8-2 所示。

1. 定义目标

定义压力测试目标是压力测试的起点。在这一阶段，监管部门、商业银行管理层与风险经理要充分考察行业和公司的经营现状，讨论并识别公司特定阶段内业务经营体系中的重点，在此基础上确定压力测试的范围和目标。此外，也可根据宏观经济、金融市场上的特定风险事件确定压力测试目标。

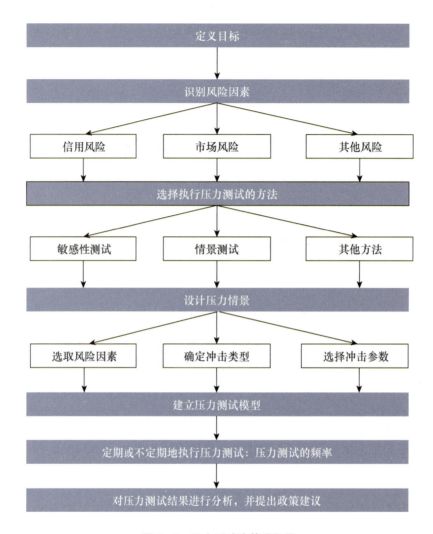

图 8-2 压力测试决策流程图

2. 识别风险因素

压力测试工作的核心是寻找风险因素和测试目标之间的风险传导机制。因此，识别潜在风险、确定风险驱动因子是压力测试的主要环节。在这一阶段，监管部门或银行管理层识别感兴趣的、行业或银行最主要的脆弱点，财务、信贷、内部评级、风险管理等专业技术人员提供必要的技术支持，并从专业的角度就风险识别提出建议。由于对银行面临的所有风险因素进行压力测试是不切实际的，因而需要集中资源，针对最重要的几个风险因素进行压力测试。

3.　选择执行压力测试的方法

根据公司资产负债组合的风险水平、测试目的和测试的风险因素多少、测试的时间长度等，决定采用敏感性测试还是情景测试，采用历史情景分析、假设情景分析还是 VaR 情景分析。

4.　设计压力情景

设计压力情景时需要考虑风险因素的选取，即选择单一冲击还是多重冲击（选择多重冲击的处理较复杂，但能增强压力测试的预测力，更接近压力的实际情况），还要考虑冲击参数的选择（GDP/失业率/出口总额/CPI 指数/M2 等）、冲击强度及时间长度等。设计压力情景时，一是要注意风险因素间的相关性；二是关键要校准冲击的程度，设置得太高或太低可能使压力测试没有意义。当然，企业不必在任何压力情景下都能够存活。例如，在极端情景下，监管部门可能会对监管标准进行调整。

5.　建立压力测试模型

建立压力测试模型的核心是将不利的压力情景转化为对压力测试对象的影响，即根据压力测试的具体要求，如测试的风险因素、压力测试的方法、压力测试的关注指标、压力测试的区间及频率等，建立压力环境下风险因子之间及风险因子与测试目标（因变量）之间的逻辑关系。在缺乏历史数据时，可以结合专家经验和基本的数据统计分析获得数据传导机制。

6. 定期或不定期地执行压力测试

压力测试一般一年一次。在风险状况较好（例如资本充足率比较高）的情况下，银行可以适当降低测试频率；在风险状况较差或市场变化较快的情况下，银行应适当增加测试频率。监管部门可以根据市场或公司状况要求增加测试次数，对于增加的测试可以适当调节其详细程度。另外，每次压力测试必须反映公司新的重要变化，例如重要新产品的推出、管理架构的重大变化、宏观经济环境及行业环境的变化等。

7. 对压力测试结果进行分析，并提出政策建议

压力测试可使金融机构更加全面深入地认识其风险暴露情况，当压力测试损失超过可承受的范围后采取应对措施。对金融机构而言，一个有效的应对措施是准备充足的经济资本以应对压力测试下产生的最大损失。然而，准备过多的经济资本往往是不经济的。在这种情况下，可以考虑其他的应对措施，例如：为关注的压力事件购买相应的保护或保险；通过降低风险暴露或分散风险的方法，减小压力事件对资产负债组合的影响；对业务或产品组合进行重新设计，以达到更好的风险分散效果；对一个正在变为现实的情景制定相应的补救措施；预先准备其他融资方式以应对资产组合的流动性风险；等等。

压力测试分类

1. 按照因素数量分类

按照因素数量可分为单因素压力测试（one factor stress test）和多因素压力测试（multifactor stress test）。

单因素压力测试是指假定其他因素稳定不变，只有一种因素发生变化时所面临的风险状况，是最简单的一种分析方法。单因素压力测试并不考虑各风险因子之间的相关性，而相关性是风险管理的重要组成部分，因此，其可行性会受到质疑。

多因素压力测试是在单因素压力测试的基础上引入风险因子相关性这一要素，将同时或在很小的时间间隔内出现增减变动的风险因子进行组合来构造压力测试情景。多因素压力测试考虑了各种风险因子的相关性，能够比较系统地实施压力测试，且测试结果比较符合经济发展的实际情况，具有较大的实践指导作用，受到各大金融机构的重视。

2. 按照分析方法分类

按照分析方法可分为敏感性分析（sensitive analysis）和情景分析（scenarios analysis）。其中情景分析又可分为历史情景分析（historical scenarios）、假设情景分析（hypothetical scenarios）和 VaR 情景分析。

敏感性分析是一种单因子分析方法，主要测量单一风险因子（或几个关联性很强的风险因子）的大幅变动对风险变动的影响。这种分析方法的优点在于容易了解当风险因子存在可能的极端变动时，每一种变动对于资产组合的边际影响；其缺点是执行者对于每一逐渐变动所取的幅度及范围必须十分恰当，否则会影响分析的结果与判断。

历史情景分析是以历史上发生过的极端事件为基础来构造压力情景。由于构造的情景是历史上真实的压力市场环境，不需要太多人为假设，而且可以进行非常深入细致的研究，因此历史情景分析在实践中广泛使用。但是由于当今经济和金融市场变化非常迅速，金融创新产品不断涌现，因此难以找到完全符合目前风险特征的历史事件。

假设情景分析是根据特定风险特征来构造压力情景。假设情景分析需要在一个系统化的经济框架下，自行设定压力事件对市场价格、盈利水平、偿付能力、收益率、流动性、波动率等风险因子的冲击结构和冲击幅度。根据假设情景的严重程度，假设情景分析又可细分为标准情景分析（standard scenarios analysis）和最坏情景分析（worst-case scenarios analysis）。标准情景分析是指利用一组普遍认定的市场变动情况作为依据，评估公司资产在此情景下的损失。最坏情景分析是构造出导致公司产生最大损失的事件以检验公司抵御风险的能力大小。

VaR 情景分析是对影响 VaR 的参数施加"扰动"，即加以改变，然后考察这些改变使 VaR 的计算结果发生了什么变化。参数可以是波动率和相关系数，或者是它们的各种组合。接受 VaR 作为度量风险的新标准引起一类新的情景检验，可以借助三种主要的 VaR 计算方法（即方差-协方差、历史模拟和蒙特卡洛模拟）中的任何一种来完成。

压力测试模型

1. 压力测试建模需考虑的因素

一般而言，压力测试建模需重点考虑以下因素。

（1）模型方法

压力测试并无固定模型，实际上只要引入压力测试的思想，几乎所有风险管理模型都可以成为压力测试模型。具体而言，压力测试模型大致可以分为两类：一类是敏感性分析模型，目前金融机构的压力测试主要就是做敏感性分析；另一类是定量研究模型，运用了金融工程的理论与方法。敏感性分析主要通过对风险因子进行扰动来估计风险的损失，而定量研究是在一定置信水平下得到更为准确的 VaR，也就是得到压力测试值。敏感性分析模型易于掌握，结论较为准确，但不利于指导实践工作；相反，定量研究模型相对比较复杂，模型的建立与参数的估计都需要有扎实的金融工程、数学以及计算机知识做基础。因此，目前定量研究很少被引入压力测试，但是定量研究可以更准确地说明问题，对于指导实践工作非常有帮助。

具体选择压力模型时，需要结合金融机构的风险暴露水平、风险管理人员专业水准以及技术实力等因素。

（2）风险因子相关性

风险因子一般很少是完全独立或完全关联的。例如，经济环境恶化时，信用风险增大，违约率上升，投资收益率下降，理财产品赎回率也会相应上升。因此，压力测试非常关键的一点是充分考虑所有相关的风险因子的变化，不能低估各风险因子的关联程度。

金融机构建立压力测试模型时需要定期评估各风险因子之间的相关性，以评估其对压力测试模型和假设的影响，在出现危机的情况下评估频率还要适当增加。评估风险因子间的关联关系（相关系数矩阵）需要较强的判断力，在中国当前的社会和经济状况下，可供参考的历史数据较少，更加依赖判断。因此，在确定风险因子关联程度时需要遵循谨慎性原则，尤其是在极端情况下，通常无关的风险因子的相关性可能明显增加。

（3）测试周期

在设计压力测试模型时，需要充分考虑测试周期。压力测试应该用不同的时间周期来检验压力情景对公司产生的影响和冲击。测试周期需要足够长，使检验的压力所产生的影响能够充分地表露出来，并容许公司在管理上采取相应的措施，之后再形成最后的冲击结果。对于一些风险状况而言，这个测试周期很可能是一个完整的经济周期。例如在加拿大，要得到最后的财务结果，寿险公司需要 5 年，非寿险公司需要 2 年。

（4）管理层行为建模

管理层的重要职责之一是根据董事会的目标和风险限制，制定并执行风险管理政策、流程、实务操作准则。为此，进行压力测试需要考虑管理层面对各种风险时的行为和决策及其有效性。考虑以下两种情况：在没有管理层应对措施的情况下公司经营失败的可能性；在执行适当的管理决策后公司保持良好状况的可能性。也就是说，压力测试需要对管理层决策进行合理建模。

2. 压力测试模型讨论

前文提到压力测试并无固定模型，常用的风险管理模型如 ARCH 模型、GARCH 模型、SWARCH 模型、目标规划模型、方差-协方差矩阵模型、VaR 模型等都可以成为压力测试模型。以上各类模型都已非常成熟，此处不再详细介绍。

目前，我国大多数金融机构通常采用 VaR 模型来量化市场风险，这是一种描述给定资产组合可能遭受损失大小的简单方法。VaR 模型十分灵活，可以满足各种金融机构的需要，只要选定时间范围和概率水平，就可以计算出相应的风险值，为金融机构内部的风险管理和外部的风险监控提供决策依据。

但金融市场风险变化的分布具有明显的厚尾特征，实际的金融市场中极端损失发生的概率远大于正态分布的估计，这些极端损失往往会给投资机构带来毁灭性的后果。在这些极端情况下，VaR 赖以成立的假设和计算的参数会发生巨大变化，导致 VaR 模型估计的结果出现极大误差。因此，采用压力测试方法考察超出 VaR 值部分的数据，对分布的尾端进行风险测试就显得十分必要。

目前，研究尾端分布的主要理论是极值理论。显然，在压力测试中引入极值理论，并在 VaR 的框架下具体实施，是既经济又有效的选择。本部分将对此重点探讨。

（1）压力测试与 VaR 一体化模型

VaR 模型一般由两部分组成。第一部分是模型包含的风险因子 x_t 的集合，假设这些风险因子的分布为 $f(x_t)$，服从某些分布（如正态分布等），或者风险因子的波动可以从历史观测值中取样（历史模拟）。第二部分是基础风险模型，假设为 $P(\cdot)$，用于预测风险与风险因子的函数集合。定义 $\hat{x}_f$ 为来自 $f(\cdot)$ 的观测值，那么模拟的风险模型为 $\hat{y}_{t+1} = P(\hat{x}_f)$，经过多次重复可以构造出普通压力测试模型 $g(y_{t+1})$。

有别于普通风险因子分布 $f(\cdot)$，我们定义极端事件服从的分布为 $f_{\text{stress}}(\cdot)$。

压力测试模型可以定义为：假设 VaR 风险模型产生一个预测分布 $g(y_{t+1})$，它是通过基础风险模型 $P(\cdot)$ 和风险因子分布函数 $f(\cdot)$ 构造出来的，那么由基础风险模型 $P(\cdot)$ 和极值风险因子分布函数 $f_{\text{stress}}(\cdot)$ 可以构造出第二个预测分布 $g_{\text{stress}}(y_{t+1})$，我们将其定义为压力测试模型。

根据这个定义我们知道，压力测试模型 $\hat{y}_{t+1} = P[x(f_{stress})]$ 可以通过同一个风险模型产生 $P(\cdot)$，它与 VaR 风险模型的不同之处在于二者所基于的风险因子集合不同：VaR 风险模型的风险因子 $\hat{x}$ 是 $f(\cdot)$ 模拟出来的，而压力测试模型的风险因子 $\hat{x}$ 是 $f_{stress}(\cdot)$ 分布模拟出来的，$f_{stress}(\cdot)$ 是 $f(\cdot)$ 的变形，某些数字或操作上的原因使得极端事件未包含在基础的风险模型中。

此外，压力测试模型隐含了以下含义：第一，压力测试模型不影响基础风险模型；第二，理论上，通过历史模拟计算出来的 VaR 从逻辑上讲可以相当于压力测试的特殊子集；第三，最重要的是，压力测试模型很容易嵌入 VaR 的框架中。

VaR 和压力测试产生的预测分布是在不同的假设的风险因子分布下产生的，为了使它们统一，我们会定义一个风险因子分布，即 $f_{combined}(\cdot)$，它将分配非负概率给每个情景，不管是正常的情形还是极端事件。在这里，我们假设有一个新的模型会把 $f(\cdot)$ 和 $f_{stress}(\cdot)$ 都包含在内。下面定义一个新的风险因子分布：

$$f_{combined}(x) = \begin{cases} f(\cdot), \text{以概率}(1-\alpha) & x \sim f(\cdot) \\ f_{stress}(\cdot), \text{以概率} \alpha & x \sim f_{stress}(\cdot) \end{cases} \tag{1}$$

很显然，我们将风险因子分布整合成一个混合分布函数，带入相同的基础风险模型 $P(\cdot)$，就可以得到整合回报函数。模型（1）即为压力测试与 VaR 一体化模型的核心公式。

（2）极值理论及其分布的估计

极值理论是测量极端情况下风险损失的一种方法，因此，把极值理论应用于拟合极端值分布 $f_{stress}(\cdot)$ 最合适。

用于刻画尾端分布的方法较多，这里将根据风险因子的特性和阈值选取的难易程度，运用超门限峰值（peaks over threshold，POT）方法和直接拟合极值样本数据分布两种方法讨论 $f_{stress}(\cdot)$。

①POT 方法和极大似然估计法。POT 是极值分布模型中的主要方法之一，它针对样本中超过某一充分大的阈值的所有观测值进行建模，虽然方法简单但精度较高，对极值分布进行统计推断可以得到很好的效果，被认为是刻画分布右尾最有用的模型之一。POT 方法基于 PBdH（Balkema & De Haan，1974；Pickands，1975）定理，PBdH 定理证明了在最大吸引域（main domain of attraction，MDA）条件下超额的分布弱收敛到广义帕累托分布（generalized Pareto distribution，GPD）。因此，POT 方法主要考虑用 GPD 来拟合一组数据中高于某一临界值（阈值）的数据的分布。

记 X 的分布函数为 F，则损失超过某一给定阈值 u 的极端值 Y 的分布函数为：

$$F_u(y) = P(Y \leqslant y \mid X > u) = \frac{F(u+y) - F(u)}{1 - F(u)}$$

式中，$Y = X - u$。

当阈值 u 充分大时，尾部极端值分布函数可以用 GPD 来近似，用以描述风险因子的尾部分布。

记 $R^* = R - u$，则在 $R > u$ 的条件下，R^* 的分布可用 GPD 表示，其分布函数为：

$$F_{\xi,\sigma}(y) = \begin{cases} 1 - (1 + \dfrac{\xi y}{\beta})^{-1/\xi}, & \xi \neq 0 \\[3mm] 1 - \exp(-\dfrac{y}{\beta}), & \xi = 0 \end{cases}$$

式中，ξ，$\beta > 0$ 为参数。$\xi = 0$ 时，即为指数分布。

对上述 GPD 参数的估计选用极大似然估计法。记 $y_i (i=1, 2, \cdots, n_u)$ 为 R^* 的观测值，对数似然函数为：

$$L(\xi,\beta \mid y) = \begin{cases} -n_u \log\beta - (\frac{1}{\xi} + 1) \sum_{i=1}^{n_u} \log(1 + \frac{\xi}{\beta} y_i) , & \xi \neq 0 \\[2em] -n_u \log\beta - \dfrac{\sum_{i=1}^{n_u} y_i}{\beta} , & \xi = 0 \end{cases}$$

②直接拟合极值样本数据分布和线性最小二乘估计。由于极值门限 u 难以确定，我们可以直接从极值分布出发，利用样本数据拟合极值分布来给出参数估计。

如果考虑极值-Ⅱ分布：

$$G(x) = \begin{cases} \exp(-x^{-a}) , & x > 0 \\ 0 , & x \leqslant 0 \end{cases}$$

为了更清楚地说明问题，引入伸缩变量 b 和位移变量 a，则有

$$G(y) = \begin{cases} \exp(-y^{-a}) , & y > 0 \\ 0 , & y \leqslant 0 \end{cases}$$

式中，$y = \dfrac{x-a}{b}$。

尾部幂级数展开为：

$$G_T(x) \approx \frac{1}{n}(\frac{x-a}{b})^{-a} , \quad a > 0, n \to \infty$$

对上述极值分布选用线性最小二乘估计法。记 $X_{(1)} \geqslant X_{(2)} \geqslant \cdots \geqslant X_{(n)}$

为取自连续分布 F 的总体的次序样本，则 $E[F(X_i)]=\dfrac{i}{n+1}$。作为一种近似，将 $X_{(1)}$ 带入下式：

$$G(x)=\begin{cases}\exp\left[-\left(\dfrac{x-a}{b}\right)^{-a}\right], & x>a \\ 0, & x\leqslant a\end{cases}$$

得到

$$\exp\left[-\left(\dfrac{x-a}{b}\right)^{-a}\right]\approx\dfrac{i}{n+1}$$

上式如果令 $a=0$，$b=1$，则 $\exp\left[-(x)^{-a}\right]\approx\dfrac{i}{n+1}$ 就只剩下一个参数 a，通过简单数据变换就成为一个求线性最小二乘解的问题。求得的解就是 a 的参数估计 a^*。当位移变量不为 0，且伸缩变量不为 1 时，转化而来的线性最小二乘法得到的结果就有问题，我们可以用两步最小二乘估计来完成，即先令 $a=0$，$b=1$，求出参数 a 的估计值 a^*，然后求 a 和 b 的估计值 $\hat{a}$，$\hat{b}$。此时，极大值的分布为：

$$G(x)=\begin{cases}\exp\left[-\left(\dfrac{x-\hat{a}}{\hat{b}}\right)^{-a^*}\right], & x>\hat{a} \\ 0, & x\leqslant\hat{a}\end{cases}$$

商业银行压力测试操作处理概述

为使入门读者对银行压力测试的实际操作有更直观的了解，下面以某全国性股份制商业银行已开展的压力测试工作为样本，对压力测试工作进行概要性描述。

1. 压力测试流程

该行建立了统一的压力测试流程，任何压力测试均遵循该流程。流程如图 8 - 3 所示。

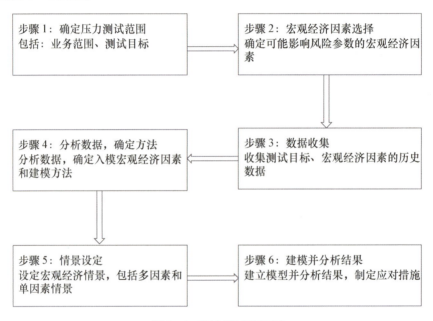

图 8 - 3　压力测试流程图

2. 压力测试的情景

该行统一了信用风险压力测试情景，包含 GDP 增长率、失业率、出口总额等 9 个宏观经济指标，并且分别设置了轻度、中度、重度压力情景。该行信用风险暴露压力测试在统一的情景下执行。该行会持续研究宏观经济指标与信用风险暴露资产质量之间的关系，不断丰富和拓展压力测试情景设置，使压力测试结果能更加真实合理地反映实际情况。

统一后的信用风险压力测试情景如表 8-1 所示。

表 8-1　　　　　　　　　　　压力测试情景示例

风险因素	重度压力情景	中度压力情景	轻度压力情景
GDP 增长率	下降到 4%	下降到 6%	下降到 8%
失业率	上升 2 个百分点	上升 1.35 个百分点	上升 0.66 个百分点
CPI 指数	下降 1.73 个百分点	下降 1.16 个百分点	下降 0.57 个百分点
出口总额	下降约 25%	下降约 17%	下降约 8%
房地产销售额	下降约 25%	下降约 17%	下降约 8%
M2 增长率	下降到 7%	下降到 11%	下降到 14.5%
房贷年利率	升至 7.83%	升至 7.11%	升至 6.48%
进出口总额	下降约 20%	下降约 15%	下降约 5%
房价	下跌 50%	下跌 30%	下跌 10%

3. 压力测试内容概述

因篇幅所限，本部分仅以公司信用风险违约概率（PD）压力测试为例。

（1）测试目标

研究不同压力情景下公司风险暴露 PD 的变化情况。

（2）压力测试情景

和公司信用风险 PD 相关的压力情景如表 8-2 所示。

表 8-2　　　　　　　　　　　压力测试情景

风险因素	重度压力情景	中度压力情景	轻度压力情景
GDP 增长率	下降到 4%	下降到 6%	下降到 8%
失业率	上升 2 个百分点	上升 1.35 个百分点	上升 0.66 个百分点
CPI 指数	下降 1.73 个百分点	下降 1.16 个百分点	下降 0.57 个百分点
出口总额	下降约 25%	下降约 17%	下降约 8%
房地产销售额	下降约 25%	下降约 17%	下降约 8%

（3）测试方法

公司风险暴露 PD 压力测试的基本思路是：从宏观经济环境出发，基于压力情景下宏观经济指标的变化情况，对于不同行业，通过选取财务风险驱动因素建立宏观经济因素（如 GDP 和 PMI（采购经理指数）等）与企业经营表现（如收入、损失、现金流等）之间的映射关系，再建立企业经营表现与企业关键财务指标（如资产负债率等）之间的映射关系，得出模拟压力情景下借款企业的财务报表，再根据银行的信用风险模型，基于模拟的财务报表对借款企业进行打分，计算出压力情景下的企业风险参数，得到借款企业 PD 的变化，进而利用资本计算模型得出银行信用风险资产以及所需资本的变化。

公司信用风险内部评级体系中包括财务因素（定量）和非财务因素（定性）两个部分，因此，在整个压力测试项目中，对财务指标和非财务指标分别进行模拟预测。

财务指标的模拟预测是基于宏观经济与企业表现的联动关系，参考宏观经济情况设定压力情景，通过对影响企业信用表现的风险因子施加压力，具体模拟每家借款企业关键财务科目和指标的变化。

非财务指标的模拟预测则根据指标的具体情况进行了相应的处理。对于非财务客观因素中不随宏观经济变动的指标（如企业背景等），假定其在压力情景下不变；对于非财务客观因素中随宏观经济变动的指标（如行业格局等），根据专家经验确定其在设定的压力情景下的合理变化幅度；对于非财务主观因素，以该客户的财务指标加上非财务客观指标的得分所对应的评级（即客观评级）为基础，进行相应的调整。

（4）测试结果

根据预测的企业财务及非财务指标得分，对照相应的主标尺，得到客户在压力情景下的模拟纯财务评级、客观评级及基准评级；将评级对应的

PD 带入违约损失率（LGD）模型得到客户的 LGD 预测值，进而预测压力情景下的银行对公风险加权资产（RWA）。

PD 测试结果：

表 8-3 列出了在压力模拟前后，运用不同的评级结果，在轻度、中度、重度三种压力情景下得到的对公客户整体 PD 均值的情况。

表 8-3 　　　　　　　　　　　　PD 压力测试结果

项目	非压力情景下的 PD	重度压力情景下的 PD	增幅	中度压力情景下的 PD	增幅	轻度压力情景下的 PD	增幅
财务评级	0.016	0.055	2.511 倍	0.041	1.627 倍	0.028	0.79 倍
客观评级	0.012	0.034	1.751 倍	0.026	1.171 倍	0.019	0.60 倍

从表 8-3 可以看出，客观评级中整体 PD 在绝对值和增幅两个方面均低于财务评级。这是由于客观评级中包括财务指标和非财务客观指标。二者在客观评级中各占一定的比重，根据企业规模不同包括 7∶3，6∶4 和 4∶6 三种。非财务客观指标相对较低的得分降幅对财务指标得分的下降形成了缓冲。因此，从对公客户的整体 PD 来看，其财务评级对应的 PD 高于客观评级。

RWA 测试结果：

表 8-4 列出了在压力模拟前后，运用不同的评级结果，在轻度、中度、重度三种压力情景下得到的 RWA 的情况。

表 8-4 　　　　　　　　　　　　RWA 压力测试结果　　　　　　　　　单位：百万元

评级类别	非压力情景下的 RWA	重度压力情景下的 RWA	增幅	中度压力情景下的 RWA	增幅	轻度压力情景下的 RWA	增幅
财务评级	366 354	742 456	103%	631 943	72%	535 566	46%
客观评级	353 045	610 078	73%	553 085	57%	484 106	37%
基准评级	353 045	687 094	95%	621 560	76%	546 858	55%

结果显示，各种压力情景下银行的 RWA 与非压力情景下的 RWA 相比，不同的评级结果带来了不同的增长幅度。客观评级中 RWA 的增幅要小于财务评级，这是由于在客观评级中，纯财务指标与非财务客观指标有不同的权重比，缓冲了纯财务指标评级对 RWA 计算的影响。

内部评级数据管理的方法与实践

　　没有数据管理的现代化也就没有内部评级的现代化，数据是信用评级风险筛选的基石，数据管理是整个内部评级体系的基础。在内部评级建设的初期，设计一个良好的、清晰的、考虑各方需求的数据架构至关重要，这是有效积累大数据的基础。银监会颁布的《资本办法》附件 5 专门就信用风险内部评级体系数据与 IT 系统做了规定，因此，本章对内部评级数据的管理方法与实践进行论述。

　　内部评级体系中模型的开发、校准、验证和优化应基于银行对数据的良好管理。数据管理包括数据治理结构、数据质量管理、数据整合、数据利用和数据安全等。数据治理结构规定了银行负责数据源建设、数据整合和数据安全等的相关部门的职责和权力，良好的数据治理结构是整个数据管理的基础。数据整合是整个数据管理的核心，是建立数据仓库和数据集市的重要步骤，包括数据抽取、数据反欺诈、数据转换和数据装载，其中数据反欺诈是应用统计学、会计学等分析法对抽取的数据进行分析，确定数据的真伪。整合后的数据放入数据仓库，根据数据利用目的的不同，生产不同的数据集市。数据安全管理确保评级体系数据的安全性，防止内部或外部人员的窃取和攻击。图9-1为内部评级数据架构。

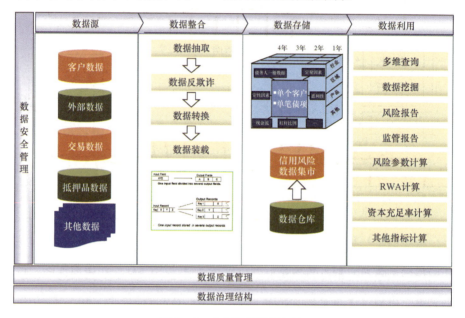

图9-1　内部评级数据架构

数据管理——信用风险数据集市管理

信用风险数据集市管理是内部评级法管理的基石。内部评级法相关应用系统都建立在数据集市的基础上。对数据抽取、转换和装载（extract-transform-load，ETL）后保存在数据仓库中，然后根据不同的应用目的（如风险评级、限额与监控等）构建信用风险数据集市（见图9-2）。当然，银行的实际情况不同，对信用风险数据集市的管理会有所不同，在建设数据仓库不具备条件的情况下，数据集市可以通过直接抽取、转换和装载业务系统数据来构建，等条件成熟后再把数据集市移植到数据仓库中。

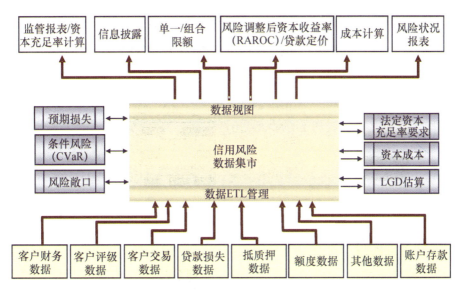

图 9 - 2　信用风险数据集市架构

信用风险数据集市的管理主要包括几个部分：ETL 层、数据仓库、数据集市、模型建立、元数据管理、数据仓库监控与管理。

信用风险数据集市的设计要允许从各种数据源（比如业务系统）及时充分地提取数据。它至少应包括公司客户的财务信息和非财务信息（法人治理结构、管理人员情况、抵押品信息等）以及电子化的违约记录等。另外，数据集市应具有基本的数学运算功能，比如用对数回归法开发的模型可以在数据集市进行处理。

内部评级体系中模型的开发、校准、验证和优化应基于风险数据集市。信用风险数据集市是为满足内部评级的信息需求而定义和设计的数据集合，应包括单个客户、单笔债项的详细数据，行业、区域、产品等资产组合以及宏观层面的数据等。数据集市通过第三方提供商的 ETL 工具维护，可提取包括客户财务数据、评级数据、交易数据等在内的数据，将提取的数据通过数据转换、数据视图加载生成满足评级体系需求的数据。

数据管理——数据质量管理

对于一家银行来说，数据是有价值的信息资产，数据质量决定着数据价值的高低。高质量的数据将会产生更多有用的信息，对管理层实施有效的决策起到至关重要的作用。对于信用风险评级，数据质量的好坏同样也很重要。

数据质量管理包括定义数据策略和标准、数据质量提升和数据质量监察三个部分（见图 9-3）。其中数据策略和标准解决的问题主要包括但不限于：完善的数据管理组织及策略是否存在，完善的数据管理流程及标准是否存在。数据质量提升解决的问题包括但不限于：相关数据质量完善及数据质量提升所必需的支持及管理流程是否存在。数据质量监察解决的问题包括但不限于：相关数据质量指标及持续监察的管理流程和配备能力是否存在。

数据质量标准的定义需要满足数据的准确性、代表性、一致性等质量要求。根据《新资本协议》的要求，内部评级所用的数据既要有足够的样本容量，又必须达到一定的质量标准。

（1）数据的准确性

要满足内部评级法的要求，数据就必须是准确的、及时的、完整的、易懂的和可信的。数据的准确性与许多因素相关，其中数据的录入错误是导致数据不准确的主要原因。研究表明，除非银行采取极端的措施来避免数据的录入错误，否则数据的差错率不会低于 5%。

（2）数据的代表性

所抽取样本中的客户数量和数据收集阶段应该能够充分地代表历史状况，以保证基础数据的分析以及违约概率的预测的精确性和稳定性。同时，要保证历史数据发生时的经济或市场状况与现在及将来的可预期状况

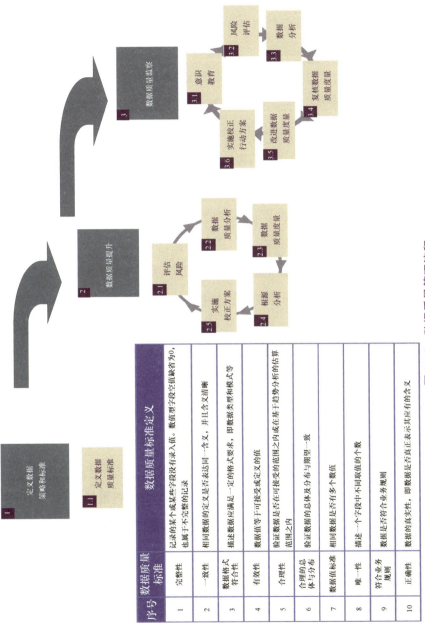

图 9 - 3　数据质量管理流程

具有充分的可比性。

（3）数据的一致性

银行在使用内部评级法时，必须保证模型测算的结果能够反映其现行的承销标准，当这个承销标准发生变化或者数据不足时，就需要保持谨慎的态度。如果银行使用共享数据，则需要做到客观并保持方法和数据的一致性。

（4）数据观察期

如果银行使用内部评级法初级法，则不论是外部数据、内部数据还是组合数据，数据的观察期都至少为 5 年。如果银行使用内部评级法高级法，则观察期至少为 7 年。

（5）数据的时效性

银行对数据库的更新频率不应超过 3 个月，而且在市场价格发生较大的变化时，银行应随时进行再评估，即折扣系数必须至少每 3 个月计算一次。如果监管部门认为市场价格波动出现了实质性的上涨，也可要求银行利用较短的观察期计算折扣系数。

（6）相关数据资料

银行必须收集并保存与内部评级法有关的所有信息资料，包括信贷业务流程的各种合同和管理文档。

在数据质量管理中，数据质量评价方法包括直接评价法和间接评价法。直接评价法分为计算机自动检测、人工检测和随机抽样检测。随机抽样检测的抽样比率一般为 10%～20%，对重点要素可适当提高抽样比率。当抽样样本确定后，可采用计算机或人工方法进行数据检查。间接评价法是指基于相关知识或信息进行演绎推理来确定数据集的质量等级。用于演绎推理的知识或信息包括数据历史记录、数据源质量、数据生成方法、系统信息以及误差传递模型等。

数据质量管理是一个动态的过程，当数据质量达到一定标准后，同样需要持续监察，以保证数据质量不会下降。数据质量问题往往产生于数据创建时期，所以在数据产生时要加强监察，监察的重点分别集中在关键数据、来源于客户的数据、数据持续性和数据质量责任。数据质量监察是一项长期工作，必须由专业队伍负责。

1. 数据质量管理——数据缺失处理

尽管已经采取预防措施尽量减少缺失值数据，但在处理数据过程中缺失值现象还是经常出现。将缺失数据补齐的方法分为两类：一类是替代法，即找到一个尽可能与缺失项类似的替代值；另一类是推算法，以现有统计资料为基础，根据事物的联系及其发展规律推算缺失数据。这两类缺失值补救方法中常用的主要有以下几种：

（1）演绎估计法

有时变量缺失值由其他变量决定，这类替代要求变量之间存在已知的函数关系，可以由其他变量的线性关系表示，从而直接由已知变量推算出未知变量。例如，已知年龄，就可以推算出生年份。

（2）完全替代法

替代值和缺失值具有相同的测度，但它取自该数据源以外的记录。这样，就可以从外部数据资料中得到缺失值。

（3）比例推算法

根据某一时期或空间资料中的一定比例关系，来推算另一类似时期或空间的缺失数据。采用比例推算法时，要求不同时期的情况基本稳定，不同空间的条件基本类似。

（4）因素推断法

此法是利用事物间有关因素的内在联系，由已知因素的资料推算未知数值。例如，根据税金＝营业收入×税率，已知税金和税率就可以推算出营业收入。此法的关键在于确定符合事物本身联系的数学恒等式。

（5）插补推算法

这是一种预测性估算方法。如果字段为时间序列函数，可用前期数据的平均值替代当前字段中的缺失值，也可用缺失值前后几年数据的均值作为替代值。使用此法需要注意，所估计时期的客观条件应具有稳定性，无突发因素的影响。

（6）样本替代法

先根据一定标志交叉分组，形成同质子样本组作为替代单元，然后将替代单元内全部数据的均值或随机抽取的某数据作为替代值。此法使用同一样本数据替代，操作相对容易，可有效降低估计的偏差。

（7）回归替代法

在样本变量中，如变量 X 和变量 Y 之间存在高度相关性，可利用应答数据拟合回归预测模型，预测出未知无应答缺失值。例如，缺失值与已知变量是线性回归关系，其预测模型为根据最小二乘法求得的线性模型。回归替代值是一个预测值，而不是取自当前调查的单位的实际值。

2. 数据质量管理——重复数据处理

在检测重复记录之前，需要先进行数据预处理。可以从自由格式的文本字段中抽取数据，根据查找表来检验字段的正确性，若发现错误，则加以更正。然后，进行数据标准化，将同一类型数据用统一格式表示。常用的重复数据处理方法有：

（1）匹配重复记录法

该方法是解决重复记录问题的重要方法，但非常耗时。因为该方法主要是模糊匹配，所以整个过程相当于对两个数据库表里的记录进行连接查询，连接查询就是对两个数据库表里的记录做笛卡尔乘积。然后，根据相似度进行排序，那些相似度超过某一阈值的记录被认为是重复记录，低于某一阈值的记录被认为是不重复记录，两个阈值之间的记录为候选的相似重复记录，需要由银行的数据清洗人员做出决定。

（2）专家系统方法

先用抽样方法从大数据集中取出样本，在此基础上通过专家的参与产生预处理规则和匹配规则。在得到初步规则后，把它们应用于样本数据。通过观察中间结果，银行可以修改已有规则，或添加新领域的知识。如此反复，直到银行对所得结果满意为止。这时，可将这些规则应用于整个数据集。系统利用机器学习和统计方法帮助建立匹配规则，以减少人工分析工作量。

数据管理——数据治理结构

综合各银行在数据治理结构设计和实践方面的经验，数据治理结构如图 9-4 所示。其中，数据治理委员会负责制定数据管理战略和策略，监督数据质量，监督重大项目的实施等，是整个数据治理结构权力最高层；数据管理组按照数据定义和质量标准，执行数据质量分析、根源分析、数据质量度量和提升等工作；数据架构师定义全行数据概念模型和逻辑模型，实施数据库设计，并为数据组提供技术支持；应用开发组按照数据定义和质量标准实施系统开发和测试。

数据管理——数据反欺诈

在数据管理过程中，单靠数据清洗无法从根本上剔除欺诈性数据。欺

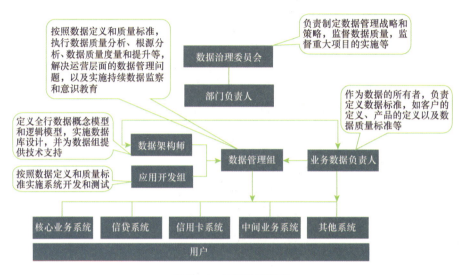

图9-4　数据治理结构

诈性数据大多出现在客户向银行提供的申请材料中，对公司类客户而言，集中体现为企业提供的财务报表数据不够真实。财务报表是综合反映公司类客户一定时期内的财务状况、经营成果以及现金流量的书面文件，而虚假的或经过粉饰的财务报表将影响银行对其信用风险做出正确的判断。目前，我国会计失真现象十分严重，粉饰财务报表、人为操纵利润的事件屡有发生，因此对财务报表进行可信度分析以及识别虚假财务报表是内部评级有效的重要前提。

针对公司类客户的财务报表存在虚假性的情况，数据反欺诈是提升财务报表可靠性和数据真实性的有效途径（见图9-5）。

财务报表欺诈包括以下类型：

（1）高估资产

目的是有利于对外筹资和争取银行贷款。一般做法是借故进行资产评估、虚构资产交易业务等。

图 9 - 5　数据反欺诈模型

（2）低估负债

目的是表面上降低企业财务风险，以利于对外筹资。常见的做法是将负债隐藏在关联企业或有负债中而不披露。

（3）利润最大化

目的是提升企业业绩水平，以获取本不能得到的经济利益。一般做法是提前确认收入、推迟结转成本、亏损挂账、资产重组和关联交易等。

（4）巨额利润冲销

新任经营者为逃避责任会这样做，比如将坏账、积压的存货、长期投资损失、闲置的固定资产、待处理资产损失等不良资产或虚拟资产一次性处理为损失。

（5）利用关联交易操纵利润

由于关联交易存在不公平、非竞争性和非自由市场交易的特点，当企业预期年末将出现亏损时，往往通过关联交易粉饰财务报表，蓄意改变财务报表的结果，达到粉饰公司经营业绩、欺骗报表使用者的目的。

数据反欺诈的常用方法有数据财务分析和财务报表检验等。

1.　财务分析

财务分析包括关联交易分析、不良资产分析和合并报表分析等。

（1）关联交易分析

关联交易分析旨在将来自关联企业的营业收入和利润总额从企业利润表中剔除。通过这种分析，可以了解一个公司客户自身获利能力的强弱，判断该公司的盈利在多大程度上依赖于关联企业，从而判断其利润来源是否稳定、未来的成长性是否可靠等。如果企业来源于关联企业的营业收入和利润所占比例过高，银行就应该特别关注关联交易的定价政策、发生的时间、发生的目的等，以判断企业是否通过关联交易来粉饰财务报表。

（2）不良资产分析

不良资产分析是将不良资产总额与净资产相比较，如果不良资产总额接近或超过净资产，说明该公司持续经营能力可能有问题；也可以将当期不良资产的增加额与当期利润总额的增加额相比较，如果前者超过后者，说明公司当期利润表可能有水分。

（3）合并报表分析

合并报表分析是将母公司财务数据与合并报表的数据进行比较分析，来判断财务数据的真实性。有的公司采用的作假手法比较隐蔽，为了逃避注册会计师和有关部门的审查，往往通过子公司或孙公司来实现利润虚构。但如果仔细分析合并报表，通常就能发现其中的疑点。

2.　财务报表检验

财务报表检验包括财务平衡关系检验、财务稳定性检验、同业比较分析和统计检验等。统计检验方法有回归分析和判别分析等。

（1）财务平衡关系检验

财务平衡关系检验主要是通过计算机程序对财务数据进行基本层面的会计规则检验，以确认客户财务报表是否存在勾稽关系错误。目前国内外会计体系尚存在一定差异，在开发系统时应特别注意财务数据的本地化特点，可以邀请注册会计师参加咨询，或直接购买工具软件。

（2）财务稳定性检验

该方法是对企业历史财务数据进行趋势分析，来判断实现数据的可信度。一般而言，企业通过某种手段粉饰一两期财务数据是比较容易的，但长期财务作假的难度相当大。银行应比较企业连续几年的财务报表，如果发现数据表现出难以解释的大起大落，则可以判断企业提供虚假财务数据的可能性较大。

（3）同业比较分析

通常情况下，银行能够通过公开渠道获得国民经济中主要行业的经营状况和财务数据，如行业平均的资本利润率、销售增长率、产品产销量、资产负债率等。将公司客户的财务数据与行业平均值进行比较，通过宏观数据与微观数据的偏离程度，可以从侧面判断数据欺诈的可能性。一般而言，客户财务数据越明显地优于行业平均水平，其财务欺诈的可能性就越大。

（4）统计检验

如果银行积累了足够的企业财务欺诈的样本数据，就可以建立统计分析模型，如采用判别分析方法确定数据欺诈的预警标志点及其相应的参数。以此为基础，可预测财务欺诈的概率。

数据管理——估计违约损失率和违约风险暴露的数据需求

估计违约损失率（LGD）的数据需求包括债项信息（如债项类型和级

别等）、债务人特征（如债务人违约概率、债务人资本结构等）、环境因素（如法律、宏观经济条件等）和银行自身的清收能力等。

违约风险暴露（EAD）的数据需求是根据风险暴露的特点将 EAD 的估计分为名义风险暴露处理下的 EAD、未来潜在风险暴露处理下的 EAD 等，根据 EAD 的估计方式收集相应的数据。

在分析违约损失率时，银行必须考虑借款人的风险和抵押品风险或抵押品提供风险之间的依赖程度。在相互之间关联度较高的情况下，必须以保守的方式考虑。对于债务和抵押品之间的币种错配，在评估银行违约损失率时也必须予以考虑并保守地处理。估计违约损失率必须以历史清偿率为基础，在实际操作中，不必只依据对抵押品市值的估计。这项要求考虑了银行可能没有能力迅速控制和清算抵押品。在一定程度上，如果估计违约损失率考虑了抵押品的存在，银行必须对抵押品管理、操作程序、法律确定性以及通常与权重法要求一致的风险管理过程制定内部要求。

银行在估计违约风险暴露时，应估计每个表内外项目的违约风险暴露。对相同的表内项目、表外项目和借款人，违约风险暴露的估计一定是长期的、以违约加权的平均数。估计值误差的范围有保守调整的余地。如果可合理预测违约频率和违约风险暴露之间的正相关性，对违约风险暴露的估计必须反映较大的保守调整的余地。而且，对于在经济周期内违约风险暴露估计值不稳定的贷款，如果经济低迷时期的违约风险暴露比长期的平均数更保守，则银行必须使用经济低迷时期的违约风险暴露。如果银行的内部数据充足，可以使用内部数据对经济衰退期进行检查；如果银行的内部数据不够充足，建议银行保守地使用外部数据。违约损失率和违约风险暴露估计的数据需求如图 9-6 所示。

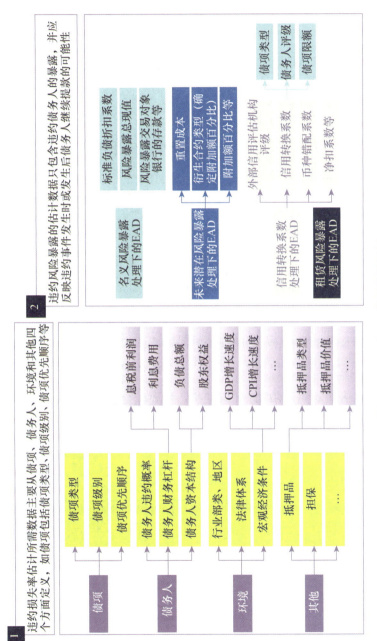

图 9-6 LGD/EAD 数据模板示例

第 10 章 / *Chapter Ten*

债项评级的方法与实践

《新资本协议》提出内部评级法（internal ratings-based approach，IRB），确立了两维风险的管理要求，即衡量授信风险应从两个层面出发，分别是借款人的违约风险及贷款在违约后造成损失的风险，前者以违约概率（PD）衡量，后者则以违约损失率（LGD）衡量。

IRB 是一个多层次的内部评级结构，主要配合《新资本协议》两维双向的评级精神，从多角度衡量商业银行的信用风险。表 10-1 显示了两维评级的状况。

表 10-1　　　　　　　　　　两维评级

授信评级	授信条件评级-映射 LGD						
借款人评级-映射 PD	A	B	C	D	E	F	G
1	1	1	1	2	2	3	3
2	1	1	2	2	2	3	3
3	2	2	3	3	3	4	4

续前表

授信评级	授信条件评级-映射 LGD						
借款人评级-映射 PD	A	B	C	D	E	F	G
4	3	3	4	4	4	5	5
5	4	4	5	5	6	6	6
6	5	5	6	7	7	7	7
7	7	7	8	8	8	8	8
8	8	8	9	9	9	9	9

两维评级主要包括以下内容:

1. 借款人评级 (客户评级)

借款人评级是反映借款人素质的重要工作。通过参考客户本身的资料,如财务数据及客户所在行业等情况,计算客户的资信实力。借款人评级配合《新资本协议》中对计算借款人 PD 的要求进行。

2. 授信条件评级 (债项评级)

作为两维评级的重要一环,授信条件评级反映贷款在违约时可能出现的损失。与借款人评级相同,授信条件评级同样利用统计方法,配合历史数据,建立根据授信申请有关因素计算违约损失的模型。授信条件评级配合《新资本协议》中对计算 LGD 的要求进行。

对采用 IRB 高级法的银行而言,债项评级可反映出对 LGD 造成影响的所有因素,包括但不限于担保物类型、产品、行业和用途。对 LGD 预测产生影响的借款人特征亦可包括在 LGD 评级标准中。

债项评级设计方案

在中国，关于影响 LGD 的因素的数据和信息非常有限，因此目前很难为银行建立一个科学的 LGD 模型。当前设计方案的主要依据包括国际研究报告的成果、国际银行业惯例和银行自身经验。

在设计中，产品类型和担保物价值是主要因素，产品期限和行业类型为次要因素。模型中没有包含借款人特征，如资本结构。由于大多数借款人特征已被纳入客户评级系统，将该因素重复纳入债项评级系统会增强客户评级和债项评级之间的相关性。

为了计算基于风险的敞口（risk-adjusted exposures），各银行债项被赋予不同的风险权重和信用转换系数。考虑到担保物价值在未来的波动情况以及担保物清算时的交易费用，对不同的担保物设定了不同的折扣率。基于风险的敞口（调整后）与折扣后担保物价值之差除以初始敞口（调整前）可得到初始损失率，即

$$初始损失率 ＝（基于风险的敞口－折扣后担保物价值）\div 初始敞口$$

初始损失率在 0～100%，根据初始损失率对敞口评分。初始评分与初始损失率成反比，即

$$初始评分＝ 100 \times（1－初始损失率）$$

例如，某笔 100 万元的贷款，风险权重为 80%，担保物价值为 80 万元，折扣率为 50%，则

初始损失率 ＝（100×80％－80×50％）÷100＝ 40％

初始评分＝ 100×（1－40％）＝ 60

然后，以行业和债项期限得分对该初始评分进行适当调整，得出最终评分。债项敞口根据最终评分进行评级。

不同债项的风险权重或信用转换系数

银行债项大致可分为表内项目（如贷款）和表外项目（如信用证和保函）。不同债项承担的风险级别各不相同。风险权重反映表内项目的风险，信用转换系数用以转换表外项目的风险。通常，诸如贸易融资的自动清偿债项的风险较低。贸易融资中，出口融资承担的风险通常比进口融资要小。但是如果发生违约，情形会截然不同，尤其在涉及欺诈的违约案例中，自动清偿债项可能无法实现自动清偿，供应商可能停止支付款项，所有糟糕的情形可能会同时发生。

不同债项的风险权重或信用转换系数基本上设为 100％，依据债项的性质和个别情形，最低可达 0。风险权重或信用转换系数的设定主要依据某些国际和当地银行的惯例。这些风险权重或信用转换系数并未经过科学性的核实，应以收集和积累的相关违约数据对其进行调整（见表 10－2）。

表 10－2　　　　　　　　产品风险暴露调整系数（示例）

产品种类	产品细类	调整系数	注释
贷款	短期贷款	100％	
	中长期贷款（项目贷款）	100％	
	其他消费贷款	100％	
	住宅按揭贷款	100％	

续前表

产品种类	产品细类	调整系数	注释
贷款	汽车消费贷款	100%	
	银团贷款	100%	
	境外借款转贷款	100%	
	打包放款	100%	在客户违约的情况下，如相信客户仍能根据信用证的条款按时付运货物并提交有关文件，可把调整系数降低，但建议不应低于60%
	保理业务	100%	在客户违约的情况下，如相信客户（卖方）与买方之间的交易为真实的交易，买方财务状况良好并会按时清还应收账款，可把调整系数降低，但建议不应低于60%
	进口押汇	100%	在客户违约的情况下，如银行仍拥有货权，并相信客户所购买的货品仍可变卖，可把调整系数降低，但建议不应低于80%
	出口押汇——出口信用证买单	100%	在客户违约的情况下，如出口信用证是以正点交单（without discrepancy），而开证银行的信誉良好或信贷评级在投资级别或以上，可考虑把调整系数降低至0
	出口押汇——承兑交单/付款交单（DA/DP）	100%	在客户违约的情况下，如相信客户（卖方）与买方之间的交易为真实的交易，买方财务状况良好并会按时清还应收账款，可把调整系数降低，但建议不应低于60%
	福费廷	100%	在客户违约的情况下，如相信客户（卖方）与买方之间的交易为真实的交易，买方财务状况良好并会按时清还应收账款，可把调整系数降低，但建议不应低于60%

续前表

产品种类	产品细类	调整系数	注释
贷款	商业承兑汇票贴现	100%	在客户违约的情况下，如相信客户（卖方）与买方之间的交易为真实的交易，买方财务状况良好并会按时承兑汇票，可把调整系数降低，但建议不应低于60%
	银行承兑汇票贴现	0	如承兑银行的信誉一般，或信贷评级在投资级别以下，应考虑把调整系数调升至20%
担保及承兑业务	授信担保	100%	在客户违约的情况下，如银行仍拥有货权，并相信客户所购买的货品仍可变卖，可把调整系数降低，但建议不应低于80%
	企业发债担保	100%	
	贷款承诺	100%	假设是不带前提条件的；如果是带前提条件而令银行可免除承诺的，应把调整系数降低至0
	承兑汇票	100%	
	开立信用证	100%	在客户违约的情况下，如银行仍能拥有货权，并相信客户所购买的货品仍可变卖，可把调整系数降低，但建议不应低于80%
	开立保函	100%	

抵押品价值的折扣率

　　抵押是银行最常用的信用风险缓释（credit risk mitigation）方法。如果发生违约，抵押物价值对该项交易中的损失额有重大影响。市场价格的不稳定性、抵押物的流动性和特殊性以及借款人信贷状况和抵押物价值之间的相关性，都将对发生违约时银行可回收的收益产生影响。多数情况下，由于清算费用和抵押物价值波动，银行可能仅能收回抵押物原来价值的一部分。

不同抵押物的波动性、流动性、特殊性和相关性各不相同，因而要赋予不同的折扣率。中国有关不同抵押物折扣率的研究比较欠缺，在设定不同抵押物的折扣率时参考了国际惯例和银行的经验。针对不同抵押物的性质和特点，折扣率在0~100%变动（见表10-3）。

表10-3　　　　　　　　　抵质押品折扣系数表（示例）

押品种类	押品细类	折扣系数	附注
存单	人民币	0	贷款的货币是人民币
	美元	5%	贷款的货币是人民币
	港元	5%	贷款的货币是人民币
	其他外币	8%~15%	需考虑该外币在货币市场的流通性及该外币与人民币的相关性
土地	土地使用权-住宅	30%~60%	需考虑土地的面积，限定发展的年限，土地坐落的位置（市中心/市郊）及省份
	土地使用权-商业	40%~70%	
	土地使用权-工业	40%~70%	
	土地使用权-农业	50%~80%	
房产	房产证-住宅楼	15%~30%	主要考虑楼房的质量、朝向、楼龄、维修保养、坐落的位置/省份，市场的空置情况
	房产证-商业楼	25%~40%	主要考虑楼房的质量、朝向、楼龄、维修保养、坐落的位置/省份，市场的空置情况、商业景气
	房产证-商铺	25%~40%	主要考虑楼房的质量、朝向、楼龄、维修保养、坐落的位置/省份，市场的空置情况、零售业状况
	房产证-工业楼	25%~40%	主要考虑楼房的质量、楼龄、维修保养、坐落的位置/省份，市场的空置情况、工业景气

续前表

押品种类	押品细类	折扣系数	附注
股权	法人股（上市）	25％～80％	主要考虑上市企业的市值、财务状况及整体实力（不包括借款人自己的股权）
	流通股（上市）	20％～80％	除了上市企业的市值、财务状况及整体实力外，还要考虑银行所持有的抵押股权数量相对于股权在股票市场的成交量（不包括借款人自己的股权）
	非上市公司股权	50％～90％	主要考虑企业财务状况及整体实力（不包括借款人自己的股权）
债券	国家债券（上市）	5％～10％	中国国家债券的违约风险很低，国债价格的波动主要受市场资金的充裕程度及利率的波动影响。浮息债券对利率的敏感度较低，定息债券对利率的敏感度较高，长债较短债敏感。还需考虑国家债券在债券市场交易的活跃程度
	国家债券（非上市）	8％～15％	中国国家债券的违约风险很低，国债价格的波动主要受市场资金的充裕程度及利率的波动影响。浮息债券对利率的敏感度较低，定息债券对利率的敏感度较高，长债较短债敏感
	企业债券（上市）	10％～50％	主要考虑发债企业的实力/评级，浮息或定息债券，债券的年期，在债券市场交易的活跃程度
	企业债券（非上市）	20％～60％	主要考虑发债企业的实力/评级，浮息或定息债券，债券的年期
保函/保证	银行	0～15％	主要考虑银行的实力/评级
	保险公司	0～25％	主要考虑保险公司的实力/评级
	专业担保公司	10％～40％	主要考虑专业担保公司的实力/评级及其总担保金额
	企业	—	主要考虑企业的评级及其与借款人的相关性

续前表

押品种类	押品细类	折扣系数	附注
其他	船舶	40%～70%	主要考虑押品的质量、保养情况、使用年限
	汽车	40%～70%	主要考虑押品的质量、保养情况、使用年限
	飞机	40%～70%	主要考虑押品的质量、保养情况、使用年限
	机器	50%～80%	主要考虑押品的质量、保养情况、使用年限以及机器的特殊性
	生产设备	60%～90%	主要考虑押品的质量、保养情况、使用年限以及生产设备的特殊性
	备用信用证	0～15%	主要考虑银行的信誉/评级
	提货单	60%～80%	主要考虑有关货品的变现能力
	仓单	60%～80%	主要考虑有关货品的变现能力
	商标专用权	75%～100%	主要考虑有关专用权可否转让及找到买家的可能性
	专利权	75%～100%	主要考虑有关专用权可否转让及找到买家的可能性
	公路收费权	30%～60%	主要考虑有关公路的车流量及调整收费的限制
	出口退税托管	30%～60%	主要考虑国家及/或地方政府的财政状况
	银行承兑汇票	0～15%	主要考虑银行的实力/评级

　　要求对敞口以公司为保证人提供担保也是银行常用的信用风险缓释技术之一。担保人的信贷状况以及担保人和借款人信贷状况之间的相关性对银行以公司为保证人担保的保障价值影响重大。多数情形下，担保人愿意为借款人出具担保，是由于该担保人与借款人存在利益关系，或者说，担保人和借款人在某种程度上互相关联，比如双方为母子公司关系。此时若借款人违约，可能对担保人的信贷状况产生重大影响。

为了确定公司为保证人提供担保的折扣率，首先用客户评级工具对担保人的资信状况进行评估，然后按主观判断决定担保人和借款人之间的相关性。担保人对借款人的依赖程度是决定相关性的主要因素。担保人评级和相关性将共同构成一个矩阵，对应不同的折扣率。担保人评级越高，担保人和借款人之间的相关性越小，折扣率越低；反之亦然。

企业担保的折扣系数应用（示例）

首先应用客户评级模型对担保企业进行评级，然后根据借款企业与担保企业的正相关性得出企业担保的折扣系数（见表 10-4）。

表 10-4　　　　　　　　企业担保的折扣系数表（示例）

担保企业评级	借款企业与担保企业的正相关性				
	没有	低	中	高	完全
	0	25％	50％	75％	100％
A1	1％	26％	51％	75％	100％
A2	4％	28％	52％	76％	100％
A3	9％	32％	55％	77％	100％
B1	16％	37％	58％	79％	100％
B2	25％	44％	63％	81％	100％
B3	36％	52％	68％	84％	100％
C1	49％	62％	75％	87％	100％
C2	64％	73％	82％	91％	100％
C3	81％	86％	91％	95％	100％
C4	100％	100％	100％	100％	100％
D1	100％	100％	100％	100％	100％
D2	100％	100％	100％	100％	100％

借款企业与担保企业的正相关性分为五类：没有、低、中、高、

完全。

- 没有：指借款企业与担保企业没有概率同时违约。
- 低：指借款企业与担保企业同时违约的概率约为 25%。
- 中：指借款企业与担保企业同时违约的概率约为 50%。
- 高：指借款企业与担保企业同时违约的概率约为 75%。
- 完全：指借款企业与担保企业有绝对的概率同时违约。

判断借款企业与担保企业的正相关性，主要是考虑当借款企业违约时担保企业所受到的影响。如果担保企业除了拥有借款企业的股权，并没有其他资产，那么借款企业的违约就会对担保企业造成重大影响。

举例：若担保企业的客户评级是"B1"，而借款企业与担保企业的正相关性是"低"，则折扣系数是 37%；若正相关性是"高"，则折扣系数为 79%。

对有效的抵押而言，关于抵押的所有文件对所有相关方均具约束力，并可在所有相关管辖范围内依法执行。银行必须进行充分的法律审阅来核实抵押的有效性，对最终结论提供充分的法律依据，且在必要时重新审阅，以确保持续的执行性。

对债项的抵押物价值分配

一个抵押物可担保一个、两个或多个债项。如果有多个抵押物担保多个债项，抵押物分配的原则如下。

步骤 1：分配只担保一个债项的抵押物

①计算基于风险的债项敞口。

②从基于风险的债项敞口中减去只担保一个债项的担保物的折扣调整后的价值。

③找出债项的剩余敞口。

步骤 2：分配担保两个或更多（但不是所有的）债项的担保物

①根据在步骤 1 中指出的剩余敞口，分配担保两个或多个债项（但不是所有的）的担保物的折扣调整后的价值。

②再找出债项的剩余敞口。

（注：如果两个担保物担保同一个债项，可以将它们的总价值一起分配。但是，如果担保物担保的是不同的债项，它们的价值就应该根据剩余的敞口逐一分配。）

步骤 3：分配担保所有债项的担保物

①根据在步骤 2 中找出的剩余敞口，分配担保所有债项的担保物的折扣调整后的价值。

②再找出债项的剩余敞口。

行业与期限调整

1. 行业调整

根据美国研究者的调查，在出现违约时，有些行业的公司会一直保持较高或较低的回款率。所以行业的性质、状况、资产的收益率都会影响出现违约时的回款。

因此，在债项评级系统中应该考虑一个公司所属的行业。国内对行业回款率的研究很少，只能参照美国的相关研究。根据企业所属的行业，做一个适度的从＋1 到＋10 的评分调整。

2. 期限调整

产品的期限通常和产品的风险联系在一起。产品的期限越长，风险就越大。这里把期限定义为债项到期前剩余的时间。根据债项到期前剩余的时间，做一个适度的从－2 到－10 的评分调整（见表 10－5）。

表 10－5　　　　　　　　到期前剩余时间评分表（示例）

到期前剩余时间	评分调整
1 年或 1 年以下	0
1 年以上	－2
2 年以上	－4
3 年以上	－6
4 年以上	－8
5 年以上	－10

债项评级的数量和含义

根据《新资本协议》，对于采用 IRB 高级法来评估 LGD 的银行，没有对债项评级最低数量的限定。银行必须有足够数量的债项等级来避免将不同 LGD 的债项归到一个等级中。

建议用 10 个等级的债项评级系统来反映损失严重性。债项敞口会被分到 L1 到 L10 中的一个等级。L1 代表最低 LGD，L10 代表最高 LGD。不同债项等级的评分如表 10－6 所示。

表 10－6 债项等级评分表（示例）

债项等级	评分	LGD
L1	91 或以上	极低
L2	81～90	非常低
L3	71～80	低
L4	61～70	低到中
L5	51～60	中
L6	41～50	中到高
L7	31～40	高
L8	21～30	非常高
L9	11～20	极高
L10	10 或以下	最高

LGD 评估

根据对收集的数据和回款率的分析，可以评估每个债项等级的历史平均 LGD（一般采用 LGD 的中间数）。根据国际上的经验，在同一等级内，客户的 LGD 可能会有很大的区别，从而导致评估的重大误差。而且，在不同的经济环境下，LGD 也会有很大的差异：处于经济增长中的 LGD 会大大低于处于经济衰退中的 LGD，这主要是由于担保物价值的波动。

根据《新资本协议》，对 LGD 的评估必须参考一个最短的数据观察期，理想的情况是，这个观察期至少覆盖一个完整的经济周期，但是在任何情况下，对至少一个来源的观察期不得短于 7 年。因此，评估出一个相对稳定的 LGD 是一项长期的工作。

客户评级和债项评级与五级分类的对应

客户评级的主要目的是估算 PD，而债项评级的主要目的是估算 LGD；PD 与 LGD 相乘，就可得出预期损失率。如果缺乏资料，PD、LGD、预期损失率就无法估算出来。

为方便各银行每季度向中国人民银行汇报资产状况，可以把客户评级的 12 个级别与债项评级的 10 个级别组成一个 12×10 的矩阵，继而把矩阵内 120 个方格分为 10 个组别，代表 10 个综合评级。最后把这 10 个综合评级与中国人民银行的五级分类及银行的五级细分对应起来。

矩阵如表 10－7 所示，对应表见表 10－8。

表 10－7　　　　　客户评级和债项评级与五级分类对应表（示例）

		客户评级										
		A1	A2	A3	B1	B2	B3	C1	C2	C3	C4	D1	D2
债项评级	L10	1	2	2	3	4	5	6	7	8	9	10	10
	L9	1	2	2	2	3	4	5	6	7	8	9	10
	L8	1	1	2	2	3	4	5	6	7	8	9	10
	L7	1	1	2	2	2	3	4	5	6	7	8	9
	L6	1	1	1	2	2	3	4	5	6	7	8	9
	L5	1	1	1	2	2	3	4	5	6	7	8	9
	L4	1	1	1	2	2	3	4	5	6	7	8	9
	L3	1	1	1	2	2	3	4	5	6	7	8	8
	L2	1	1	1	2	2	3	3	4	5	6	7	8
	L1	1	1	1	1	2	2	3	4	5	6	6	7

表 10 - 8   对应表

五级分类	五级细分	综合评级
正常	Ⅰ	1
	Ⅱ	2
关注	Ⅰ	3
	Ⅱ	4
	Ⅲ	5
次级	Ⅰ	6
	Ⅱ	7
可疑	Ⅰ	8
	Ⅱ	9
损失	—	10

对应主要根据主观的判断，有三个基本原则：

①根据客户评级及债项评级的高低进行。客户评级及债项评级均好，见矩阵的左下方，预期损失率应该是最低的。相反，客户评级及债项评级均差，见矩阵的右上方，预期损失率应该是最高的。

②矩阵内各级分类所占的格数，应与各级分类的客户数有关，即"正常"类所占的格数比"关注"类多，"关注"类所占的格数又比"次级"类多，依此类推。但格数并不与客户数绝对成正比。

③矩阵内综合评级的改变需以顺序形式出现，而不能出现跳级改变的情形。即从矩阵内一个深灰的区域到浅灰的区域，或浅灰到深灰的区域，即只能是从 1 到 2，或 2 到 3，或 3 到 4，等等，但不可以从 1 到 3 或 2 到 4。

矩阵的验证：在缺乏数据支持的情况下，这样的对应方法涉及比较多的主观判断，需要对矩阵的准确程度做初步的测试。可考虑从现有五级分类的每类贷款中抽取一定数目的贷款，分别对借款人及债项进行评级，从而比较得到的综合评级是否与现有的五级分类有很大出入。如果没有很大出入，矩阵可用来协助向中国人民银行汇报资产状况；如果有很大出入，则要判断到底是现有五级分类有问题，还是综合评级的对应不准确。如属后者，则要对矩阵进行调校。

把客户评级与债项评级组成矩阵，对应到中国人民银行的五级分类，是在 PD 及 LGD 均未估算出来的情况下的权宜之计，其中涉及比较多的主观判断，只应作为一个短期措施。当客户评级与债项评级能分别估算出 PD 及 LGD 后，就可估算出债项的预期损失率，直接对应到五级分类，代替以矩阵形式对应的做法。

另外，中国人民银行有必要对五级分类做出更清晰的指引，或银行需要对五级分类做进一步的诠释，最终为每类贷款确定预期损失率的范围。例如，"正常"类是"0～2％"，"关注"类是"3％～10％"，"次级"类是"11％～35％"。这样当有 PD 及 LGD 的数据后，才可将债项的预期损失率对应到中国人民银行的五级分类。

债项评级的验证

债项评级模型的主要目的是估计 LGD。LGD 代表了在借款人违约的情况下，银行所承受的预期平均损失的量化数值。由于债项的多维特征，与借款人相关的不同的风险敞口会导致 LGD 的取值有很大差异。而同一借款人同一风险敞口的 LGD 在每年也不会相同，因此，国际上没有一套发展完备的债项模型检验方法。我们所讨论的债项模型的验证实际上是以企业自身的历史违约损失资料为依据，重新估算下一年度的 LGD，并根据模型区分风险的能力判断模型的有效性。

由于评级模型需要至少一年的违约损失资料，我们建议银行按照如下步骤进行验证。

1. 统计贷款损失

在债项评级模型建立后的一年或更长时间内，选定所有的进行评分的贷款（已发生损失的违约贷款除外），根据其一年的违约情况，统计该年度的以下资料：

①违约时间。

②违约金额。

③违约贷款债权人实际收到的偿还金额。

④违约后偿还金额的折现率。

这样就可以确定违约损失，为模型验证做准备。

需要注意的是，损失的基本定义可以理解为经济损失，应涵盖折扣影响、融资成本及违约情况下为了回收相关款项所发生的直接或间接成本，即贷款在整个催收重组过程（从违约至解决）中产生的所有费用的现值。银行不应仅以会计记录来衡量损失，而且应将会计损失和经济损失相对照。

2. 计算风险敞口

风险敞口定义为违约时最大可能的损失，它可以是现有未偿还本金、应付未付利息、余期利息、未提取余额/或有资产、清偿价值（liquidation value）或偿还价值（redemption value）。实际计算可简单采用现有余额法（outstanding value），用贷款余额（本金，不含利息）作为敞口 EAD。

3. 计算 LGD

用违约损失除以风险敞口，得到每一笔贷款的 LGD。

4. LGD 验证

我们采用的模型验证方法实际上是以自身的历史违约经验重新校准 LGD，然后通过拟合 LGD 曲线计算 R^2，根据 LGD 曲线的趋势主观判断模型的有效性。具体方法如下：

首先，根据年初计算初步损失率得到的打分从低到高对所有贷款排序，然后计算每一笔贷款的 LGD，可以得到如图 10-1 所示的散点。

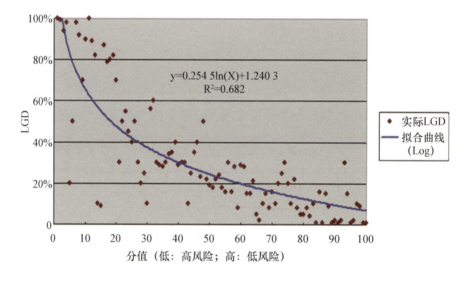

图 10-1 债项评级 LGD 检验图 (a)

其次，对这些散点进行 LGD 曲线拟合，并计算误差值 R^2。根据表 10-9 所示准则判断接受或拒绝债项评级结果。

表 10 - 9　　　　　　　　　　债项评级结果判断准则表

情形	判断结果
拟合的曲线下降趋势明显	接受债项评级，接受年初的 LGD
拟合的曲线没有明显的下降趋势	拒绝债项评级，推翻年初的 LGD

通过图 10 - 1 可以看到，拟合的曲线是一个不断下降的凸函数。高 LGD 的贷款主要集中在得分比较低的债项中，随着风险降低，贷款的 LGD 整体处于下降的趋势，因此认为年初进行的债项评级是可以接受的。

如果 LGD 散点和拟合曲线如图 10 - 2 所示，可以看到实际的 LGD 值基本随机分散在 0～100%，没有规律可言。拟合的曲线下降趋势不明显，整体趋于平缓，故该模型的结果不能有效区分各级别贷款的风险。需要重新审视债项评级模型，并根据这一年度的历史违约损失资料重新计算 LGD，以估算下一年度的 LGD。

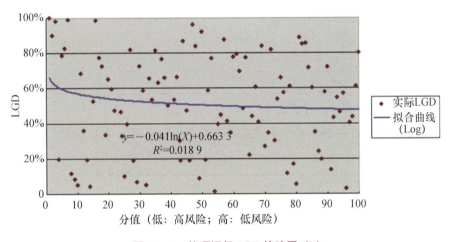

图 10 - 2　债项评级 LGD 检验图 （b）

LGD 应具有长期的代表性。LGD 的验证应当基于历史和经验的证据，并且具有前瞻性。

《新资本协议》也要求 LGD 的估算必须基于一个最低限度的资料观察

期，以涵盖一个完整的经济周期（不短于 7 年）。因此银行每个年度应积累充分有效的违约损失等相关资料，不断重复验证。

小　结

债项评级系统是专门为反映 LGD 设计的。在建议的模型中，债项类型和担保物是影响银行违约回款率的重要因素。债项的风险权重或信贷转换因素和担保物的折扣用于评估净敞口，将净敞口和最初敞口比较可以得出最初的损失率，然后给出评分，根据行业类型和贷款期限进行调整得出最后的评分。

因为缺乏相关的数据，所以只能为债项的风险权重或信贷转换因素和担保物的折扣设定一个范围（而不是一个明确的数值），并且只能对行业类型和贷款期限进行细微的调整。虽然现有的模型相对简单，但是可以作为收集相关数据的一个很好的起点。随着数据的收集，可以对风险权重或信贷转换因素和担保物的折扣进行确切的评估，而且可以对行业类型和贷款进程做出更有意义的调整。

LGD 模型的发展尚处于不成熟的阶段。长期以来，主要围绕 PD 的评估开展研究工作。国内外都需要进行更多的研究，将研究成果用于建立一个更先进、更精确的 LGD 模型。

债务人评级模型低违约组合的验证

本章主要系统阐述非零售债务人评级模型低违约组合的验证问题。

业界和监管机构对低违约资产
组合及其验证的观点[*]

1. 《新资本协议》实施工作组的验证工作组（AIG-V）的观点

①《新资本协议》希望内部评级法适用于各类资产，因此并未对低违约资产组合给予特别关注。

②验证工作的原则是灵活的，使银行各种资产组合能符合内部评级法最低标准，因此，没有必要专门针对低违约资产组合制定额外的规则或原则。

---

[*] 巴塞尔新资本协议；巴塞尔委员会第 4 期新闻公报. AIG 有关新资本协议框架下验证工作的最新进展；巴塞尔委员会第 6 期新闻公报. 新资本协议框架下低违约资产组合的验证.

③巴塞尔委员会从没有直接指出低违约资产组合不适用内部评级法，AIG-V 成员也没有表示在他们国家采用了类似做法。

④尽管低违约资产组合可能有其特殊之处，但不能想当然地认为，需要采取与其他资产组合完全不同的计量和验证方法。

⑤AIG-V 提出了更有效的计量低违约资产组合风险和验证其内部评级体系的建议：

- 参数估计必须有前瞻性和预期性。

- 适用于所有资产组合的内部评级法的定性要求。

- 使用其他方法评估风险参数，可以弥补损失数据的缺乏。

- 当内部损失数据不足，难以验证风险参数时，存在很多其他可用的验证工具。

2. 欧洲银行监管委员会（CEBS）的观点 *

①如果申请机构能够说明估计和验证风险参数的方法和技术包含合理有效的风险管理步骤且被一致地实行，则低违约资产组合风险暴露不应该仅因没有充分的数据可以在统计上证明风险参数估计而被排除在内部评级法之外。申请机构的风险参数估计应该是审慎的。

②对低违约资产组合的验证不应该与非低违约资产组合完全不同，申请机构应该确保符合监管机构的最低要求，特别是具有充分的审慎性。

③申请机构应该在实施和应用方面给予特别关注，确保具有合适的技术环境和内部验证过程。

④相对非低违约资产组合，申请机构应该加强低违约资产组合的定性

---

* Guidelines on the implementation, validation and assessment of Advanced Measurement (AMA) and Internal Ratings Based (IRB) Approaches，第 404~407 段.

验证，评级模型的设计、开发和部署模型的数据质量以及评级体系的内部使用都是低违约资产组合验证过程的关键要素。较高程度地遵循要求进行测试是申请机构对其估计有信心的重要表现，因此这被认为是满足监管机构最低要求的必要条件。

3. 英国银行家协会（BBA）、伦敦投资银行协会（LIBA）、国际互换和衍生品协会（ISDA）的观点 *

①低违约资产组合在银行内部是普遍存在的。

②关于低违约资产组合的验证，以下四个方面被认为是风险管理过程的必要内容。

● 模型开发：在模型开发阶段，对于有足够违约数目的资产组合，通常通过比较"好"样本和"坏"样本寻找产生排序的风险驱动因素。对于低违约资产组合，更多地依靠专家判断和使用特定资产类型的内外部专家经验。只要有充分的经验，可以认为此类专家判断模型在风险排序能力方面和统计模型同样有效。

● 模型验证：主要包括模型开发方法论的复核和模型结果的评估，用于说明模型在直觉上和方向上是正确合理的。

● 模型参数估计和校准：使模型的结果具有定量含义，包括 PD、LGD 和 EAD 估值和评级或得分的映射过程。

● 模型使用、管理和控制：实施和使用评级系统以及与评级系统相关的政策、流程和管理方法。

---

　* 英国银行家协会（BBA）、伦敦投资银行协会（LIBA）、国际互换和衍生品协会（ISDA）工作文献. Low Default Portfolios（Joint Industry Working Group Discussion Paper），2005−01.

4. 香港金融管理局的观点 *

①无须特别为低违约资产组合确立独立的定义以及一套额外的规则或原则。由于每类低违约资产组合的风险特性都有很大差别，对量化和验证风险有不同程度的影响，因此申请机构应考虑其组合是否具有低违约资产组合的特点，并设计适合的风险量化及验证方法。

②有些方法是增加低违约资产组合的风险参数的估计结果可靠性的工具。某种方法是否适用，在不同申请机构之间可能会有不同。无论如何，申请机构都需要有合理的依据支持它们所选用的方法，了解有关方法的限制，以及在需要的情况下保守处理得出的结果。

③虽然风险参数估计是以过往的经验为基础，但它们的作用是对所有组合做前瞻性预测。因此在有些情况下若历史违约及损失数据相对较少，不一定会得出违约概率估计。在量化或验证风险时，申请机构可利用其他地区的相似资产类别的违约和损失经验，亦可选择使用涉及较长期间的数据（若有相关数据）。

④如果在个别申请机构层面存在损失数据有限的问题，香港金融管理局预期申请机构会利用汇集其他金融机构或市场参与者的数据，或采用其他外部资料来源，或采用市场风险指标等方法，来弥补内部损失数据的不足。

⑤就部分组合而言，可能不仅在个别申请机构层面存在损失数据有限的问题，在业界层面亦存在这种情况。在这种情况下，香港金融管理局预期申请机构会证明已运用适当的方法来增强数据。

⑥若申请机构没有足够的损失数据（即使已运用数据增强方法）对风

---

* 香港金融管理局. Validating Risk Rating Systems under the IRB Approaches，10.2 节，2006-02.

险参数的内部结果进行返回检验，香港金融管理局预期它们会比较注重使
用基准测试工具，以证明估计结果是准确的。

综上所述，业界和监管机构对低违约资产组合及其验证的核心观点如下：

一是低违约资产组合在银行内部是普遍存在的。

二是低违约资产组合不能被自动排除在内部评级法之外。

三是低违约资产组合的验证应更关注对模型开发过程进行定性分析。

四是可以采用数据增强和基准测试的方法对模型结果进行定量验证。

五是定量验证没有统一的方法，申请机构可以根据自身的情况选择合
适的方法。

六是在量化或验证风险时，可利用其他地区的相似资产类别的违约和
损失经验。

所以，针对违约样本较少的情况，不论是模型评估阶段还是建模阶
段，验证模型的区分能力均可以通过持续积累违约数据进行返回检验；或
者进行数据增强和基准测试等。针对低违约组合建模时，如果通过补充外
部样本进行数据增强，要充分考虑本行的风险偏好和业务实际来选择外部
样本，因此可以利用外部样本来调整主标尺。

低违约资产组合的验证方法

除了补充外部样本，还有很多其他的数据增强方法可用来应对低违约
资产组合建模的验证挑战。

业界常用的和监管机构建议的低违约资产组合验证方法如图 11 - 1
所示。

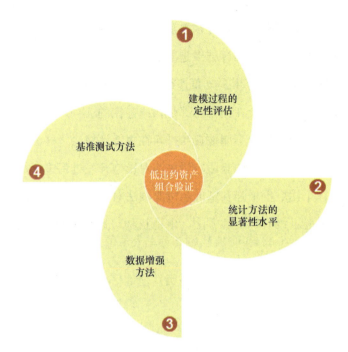

图 11 - 1　低违约资产组合的验证方法

说明：根据验证工作的第四条和第五条原则：
- 验证方法不止一种。
- 验证既包括定量验证也包括定性要素。

资料来源：巴塞尔委员会第 6 期新闻公报. 新资本协议框架下低违约资产组合的验证.

1. 建模过程的定性评估

巴塞尔委员会第 6 期新闻公报——《新资本协议框架下低违约资产组合的验证》中要求：

- 银行评级体系和开发过程中应该有充分的人工评判和监督。
- 评级体系要素必须建立全面的文档。
- 评级体系必须具备有效的公司治理、信用风险控制和内部审计等条件。

对模型开发过程的定性评估是验证低违约资产组合不可或缺的重要部分，要考虑：

- 模型设计、模型方法论、模型参数和假设。

- 建模过程的合理性，即样本选取逻辑和依据、数据清洗方法与过程、模型参数选择、单变量分析、分数转换、多变量分析以及样本与总体的映射依据的合理性。

- 模型开发文档的充分可复制性。

2.　统计方法的显著性水平

（1）AR 值或 ROC 曲线的统计显著性

AR 值越接近 1 或 ROC 曲线越靠近左上角说明模型的效果越好，这种靠近还可以用 ROC 曲线与对角线的距离来衡量，对于没有严格界限的低违约资产组合，区分能力的显著性水平可以增加对模型的信心。

（2）K-S 检验的统计显著性

取两组数据（违约数据和非违约数据）进行 K-S 检验，取显著性水平为 0.05，若 P 值大于等于 0.05，则接受原假设，两个独立样本相似（源于同一分布）；若 P 值小于 0.05，则拒绝原假设，两个独立样本不相似（不源于同一分布）。

（3）t 检验的统计显著性

t 检验的原假设是两个分布的均值相等。给定两个数据集（分别为违约数据集和非违约数据集），每一个集合由其均值、标准差和数据点个数来描述，可以用 t 检验来判断均值是否相等。

3.　数据增强方法

（1）使用外部数据

在内部违约数据较少，但仍希望使用常用的统计方法进行返回检验的情况下使用外部数据，国外银行通常采用与其他银行或市场参与者共建数据池或使用其他外部数据源的方法。此方法的难点在于选择在资产规模、违约比率、行业分布等维度上与内部数据可比的且信息准确的外部数据。

（2）资产组合合并

对具有相同等级风险暴露的风险特征进行分析；将整个资产组合的平均等级与该资产组合的实际情况相比较，而不是仅关注细分资产组合的返回检验结果。

（3）违约替代

按违约的定义，某些内部客户虽未违约但具有较低的外部评级，可以认为风险特征接近违约，进行违约替代。若某些内部客户没有外部评级，但风险特征接近违约，也可以适当放宽违约条件，进行违约替代。

例如，在没有违约数据时，只需调整信用标准，就能分出客户信用高低。假设原来定义 20 分以下为违约，但此时没有违约客户，为了产生违约数据，在建模时能把信用高的客户识别出来，把违约定义为 50 分以下，这样一来信用低的客户就增多了，但这些不是严格意义上的违约客户。通过放宽标准，把不同信用级别的客户区分开，在建模时运用二分类的模型即可。此时目标变量已经发生变化，在使用模型时应注意这些不是真正的违约客户，但并不影响模型的校准和主标尺的确定。

（4）延长违约窗口期

在违约客户较少的情况下，通过延长违约窗口期，可使更多客户进入违约窗口期，增加违约客户数据。例如，假设违约窗口期定义在 90～120 天比较合适，但是落在这个区间内的客户很少，可以把违约窗口期延长至 270 天或 365 天，以使更多的客户落在违约窗口期内。

4. 基准测试方法

对于低违约资产组合，返回检验只能得出有限的结论，而基准测试可以发挥更大的作用。

　　基准测试目标如下：

　　①验证低违约资产组合评级模型的区分能力，通过比较评级模型和基准模型对相同债务人评级结果的相关性进行验证。

　　②验证违约概率估计的合理性，选择合适的外部基准并与基准建立映射关系。

　　基准测试流程如图11-2所示。

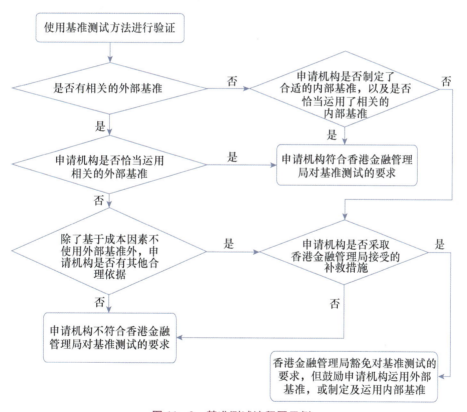

图11-2　基准测试流程图示例

资料来源：Validating Risk Rating Systems under the IRB Approaches，10.2节，2006-02.

某股份制商业银行的低违约资产
组合验证方法与工具示例

1. 数据增强方法对某股份制商业银行低违约资产组合
验证的适用性评估

对低违约资产组合验证的适用性评估如表 11 - 1 所示。

表 11 - 1　　　　　　　低违约资产组合验证的适用性评估表

验证方法	××银行适用性分析	具体验证步骤
数据增强： 使用外部数据	不适用 难以找到和内部数据在各个维度上可比的且有财务报表和违约信息的外部数据	N/A
数据增强： 资产组合合并	适用	合并各打分卡，进行区分能力和 PD 估计返回检验
数据增强： 违约替代	适用	将特别关注类或逾期60 天或满足二者条件的客户进行违约替代，进而进行统计检验 目前计划将原 10 级评级中最终确定为后 3 类的客户进行违约替代
数据增强： 伪违约	建议不采用 虽然有少量应用实践，但不同于违约替代中对已经有实质性风险表现的客户做近似违约处理，伪违约只是统计上的一种聚类分析	理论上可自行设定违约比率进行伪违约控制，可以设定足量违约数据验证模型表现
数据增强： 延长违约窗口期	不适用 虽然补充了违约数据，但与开发和应用的要求差异较大	N/A

续前表

验证方法	××银行适用性分析	具体验证步骤
外部基准: 使用外部评级	适用性较差 客户难以获得知名评级机构的外部评级,而国内评级机构和某银行的共有客户较少	正在准备中
外部基准: 使用外部市场信息	不适用 国内不存在信用违约互换(CDS)市场,难以获得相关信息	N/A
外部基准: 使用外部模型	不适用 需购买相关模型产品,且产品不一定适用于本行客户	N/A
外部基准: 外部专家判断	不适用 难以找到合适的外部行业专家	N/A
内部基准: 内部专家判断	适用 可以邀请行内专家进行各打分卡排序	目前正在准备中,正在设计方案
内部基准: 其他内部模型	可以考虑 可以开发其他内部平行统计模型进行基准测试,但需要确保基准模型的区分能力和准确性	目前正在建立平行统计模型

2. 某股份制商业银行验证工作组对低违约资产组合已经开展的验证工作(示例)

作为模型验证的重要组成部分,建模过程的验证相对低违约资产组合的验证更加重要,检查数据的代表性、专家判断过程中专家的选择、模型开发各步骤、风险因素及权重的选择过程、文档记录的完备性等模型开发过程中的验证环节同样适用于低违约资产组合。目前某银行验证项目组正在进行建模过程的验证。

　　某银行验证项目组已经完成模型应用及政策、流程、IT系统等内部评级支持体系方面的验证，其中支持体系方面的验证请参见项目交付品——《××_MV_D24_非零售内部评级支持体系验证报告》。

　　对于模型结果的验证，验证项目组已经做了一些工作，在无法区分违约和低违约界限时采用具有统计显著性的验证方法（如K-S检验、t检验）进行验证。另外，也采用违约替代法、资产组合合并等数据增强方法进行返回检验，选取时段外有外部评级的客户数据进行基准测试等，具体可参考验证报告的相关内容。

小　结

　　随着资本计量高级方法的不断应用，国内外银行都在积极探索验证方法和搭建验证体系。鉴于中国银行业高质量数据积累不足、缺少外部评级、相关验证技术研究时间较短、有经验的计量人员比较缺乏等现状，中国银行业资本计量高级方法的验证是一个由浅到深、由点到面、系统、持续、不断完善的长期过程。

　　本章为笔者多年来与团队所做创新性探索和实践的成果，形成了一系列行之有效的方法和工具。

内部评级体系简介

本章旨在依据《资本办法》有关监管规定对内部评级体系进行简要介绍，以方便入门读者对内部评级体系有一个总体的了解，如有读者对内部评级体系有更多兴趣并需要深入研究探讨，请进一步参考相关专业书籍。

信用风险内部评级体系的总体要求和基本要素

《资本办法》附件 5 明确了信用风险内部评级体系的总体要求：

（1）商业银行采用内部评级法计量信用风险资本要求，应按照《资本办法》的要求建立内部评级体系。内部评级体系包括对主权、金融机构和公司风险暴露（以下简称非零售风险暴露）的内部评级体系和零售风险暴露的风险分池体系。

（2）商业银行的内部评级体系应能有效识别信用风险，具备稳健的风险区分和排序能力，并准确量化风险。

内部评级体系的基本要素如图 12 - 1 所示。

图 12 - 1　内部评级体系的基本要素

信用风险内部评级体系治理结构的要求

《资本办法》附件 5 中对信用风险内部评级体系治理结构的要求是：

（1）商业银行应明确董事会及其授权的专门委员会、监事会、高级管理层和相关部门在内部评级体系治理结构中的职责，以及内部评级体系的报告要求。

（2）商业银行董事会承担内部评级体系管理的最终责任，并履行以下职责：

①审批内部评级体系重大政策。

②批准内部评级体系实施规划，并充分了解内部评级体系的政策和流程。

③监督并确保高级管理层制定并实施必要的内部评级政策和流程。

④每年至少对内部评级体系的有效性进行一次检查。

⑤审批或授权审批涉及内部评级体系的其他重大事项。

（3）商业银行高级管理层负责组织内部评级体系的开发和运作。高级管理层应具体履行以下职责：

①根据董事会批准的内部评级体系实施规划，配备资源开发、推广、运行和维护本银行的内部评级体系。

②制定内部评级体系的配套政策流程。

③监测内部评级体系的表现及风险预测能力，定期检查信用风险主管部门监控措施的执行情况，定期听取信用风险主管部门关于评级体系表现及改进情况的报告。

④向董事会报告内部评级政策重大修改或特例事项的可能影响。

⑤组织开展相关培训，增强本行工作人员对内部评级体系的理解。

（4）商业银行应建立一整套基于内部评级的信用风险内部报告体系。报告应包括以下内容：

①按照评级表述的信用风险总体情况。

②不同级别、资产池之间的迁徙情况。

③每个级别、资产池相关风险参数的估值及与实际值的比较情况。

④内部评级体系的验证结果。

⑤监管资本变化及变化原因。

⑥压力测试条件及结果。

⑦内部审计情况。

（5）商业银行应指定信用风险主管部门负责内部评级体系的设计、实施和监测。信用风险主管部门的职责应包括：

①设计和实施内部评级体系。

②检查评级标准，检查评级定义的实施情况，评估评级对风险的预测能力，定期向高级管理层报送有关内部评级体系运行表现的专门报告。

③检查并记录评级过程变化及原因，分析并记录评级推翻和产生特例的原因。

④组织开展压力测试，参与内部评级体系的验证。

⑤编写内部评级体系报告。

（6）商业银行内部审计部门负责对内部评级体系及风险参数估值的审计工作。审计部门的职责应包括：

①评估内部评级体系的适用性和有效性，测试内部评级结果的可靠性。

②审计信用风险主管部门的工作范围和质量，评估相关人员的专业技能及资源充分性。

③检查信息系统的结构和数据维护的完善程度。

④检查计量模型的数据输入过程。

⑤评估持续符合《资本办法》要求的情况。

⑥与高级管理层讨论审计过程中发现的问题，并提出相应建议。

⑦每年至少一次向董事会报告内部评级体系审计情况。

（7）商业银行应就内部评级体系的治理建立完整的文档。文档应至少包括：

①董事会职责以及履职情况。

②高级管理层职责以及履职情况。

③信用风险主管部门的职责、独立性以及履职情况。

④基于内部评级的信用风险报告制度及执行情况。

⑤内部评级体系的内部审计制度及执行情况。

⑥内部评级体系的外部审计情况。

⑦相关会议纪要、检查报告和审计报告等信息。

非零售风险暴露内部评级体系的要求

《资本办法》附件 5 规定非零售风险暴露内部评级体系的技术要求主要
涉及评级维度、评级结构、评级方法论和评级时间跨度、评级标准、模型
使用和文档化管理等方面。

非零售风险暴露内部评级体系的框架如图 12-2 所示。

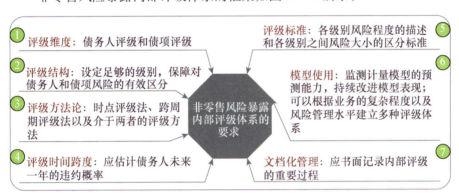

① 评级维度：债务人评级和债项评级

② 评级结构：设定足够的级别，保障对债务人和债项风险的有效区分

③ 评级方法论：时点评级法、跨周期评级法以及介于两者的评级方法

④ 评级时间跨度：应估计债务人未来一年的违约概率

⑤ 评级标准：各级别风险程度的描述和各级别之间风险大小的区分标准

⑥ 模型使用：监测计量模型的预测能力，持续改进模型表现；可以根据业务的复杂程度以及风险管理水平建立多种评级体系

⑦ 文档化管理：应书面记录内部评级的重要过程

非零售风险暴露内部评级体系的要求

图 12-2　非零售风险暴露内部评级体系的框架

零售风险暴露风险分池体系的要求

《资本办法》附件 5 规定零售风险暴露风险分池的技术要求涉及风险分
池方法、风险分池标准和文档化管理。

1. 风险分池方法

①商业银行应根据数据情况选择分池方法。

②对于数据缺失的零售风险暴露，商业银行应充分利用已有数据，通过风险分池体系的设计弥补数据不足的影响。数据缺失程度应作为风险分池的一个因素。

③商业银行采用信用评分模型或其他信用风险计量模型估计零售风险暴露风险参数时，相关模型的使用应达到《资本办法》的要求。

2. 风险分池标准

①商业银行应建立书面的资产池定义以及风险分池流程、方法和标准。

②商业银行风险分池的标准应与零售业务管理政策保持一致。风险分池结果应与长期经验保持一致。

③商业银行应确保不同业务条线、部门和地区的零售风险暴露分池标准一致。

④商业银行应确保分池标准的透明度。

⑤风险分池应考虑债务人违约特征，包含债务人在不利经济状况下或发生预料之外事件时的还款能力和还款意愿。

⑥商业银行应采用长于一年时间跨度的数据，并尽量使用近期数据。

3. 文档化管理

①商业银行应书面记录零售风险暴露风险分池的设计。

②商业银行应书面记录资产池分池方法和标准。

③商业银行风险分池中使用计量模型的，应就模型的方法论、使用范围等建立完整的文档。

④采用外部模型也应达到监管部门规定的文档化要求。

零售风险暴露风险分池体系的依据如图 12-3 所示。

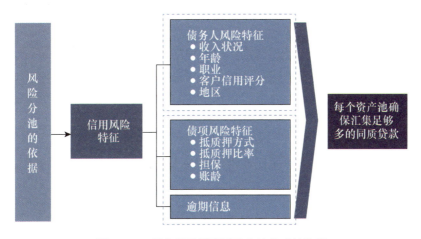

图 12-3　零售风险暴露风险分池体系的依据

信用风险内部评级流程的基本要求

《资本办法》附件 5 规定了信用风险内部评级流程（如图 12-4 所示）及其基本要求。

（1）商业银行应建立完善的内部评级流程，确保非零售风险暴露内部评级和零售风险暴露风险分池过程的独立性。

（2）商业银行内部评级流程包括评级发起、评级认定、评级推翻和评级更新，并体现在商业银行的授信政策和信贷管理程序中。

（3）零售风险暴露的风险分池通常不允许推翻。若商业银行允许推

图 12 - 4　信用风险内部评级流程

翻，应制定书面政策和程序，并向银监会（现银保监会，下同）证明必要性和审慎性。

（4）商业银行应建立确保内部评级流程可靠运行的管理信息系统，详细记录评级全过程，以确保非零售风险暴露的债务人评级与债项评级、零售风险暴露风险分池操作流程的有效执行。

（5）商业银行应建立完整的文档，以保证内部评级过程的规范化和持续优化，并证明内部评级体系操作达到《资本办法》的要求。文档至少包括：

①评级流程设计原理。

②评级体系运作的组织架构、岗位设置和职责。

③评级发起、评级认定、评级推翻和评级更新的政策和操作流程。

④评级管理办法，包括管理层对评级审核部门的监督责任等。

⑤评级例外政策。

⑥基于计量模型的内部评级的指导原则及监测。

⑦评级的信息系统需求书。

⑧其他内容，包括评级体系运作程序发生的主要变化、银监会最近一次检查以来的主要变化等。

信用风险参数量化的基本要求

《资本办法》附件 5 规定了信用风险参数量化（如图 12 - 5 所示）及其基本要求。

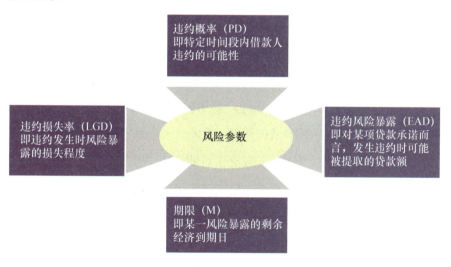

违约概率（PD）
即特定时间段内借款人违约的可能性

违约损失率（LGD）
即违约发生时风险暴露的损失程度

风险参数

违约风险暴露（EAD）
即对某项贷款承诺而言，发生违约时可能被提取的贷款额

期限（M）
即某一风险暴露的剩余经济到期日

图 12 - 5　信用风险参数量化

（1）风险参数量化是指商业银行估计内部评级法信用风险参数的过程。对于非零售风险暴露，实施初级内部评级法的商业银行应估计违约概率；实施高级内部评级法的商业银行应估计违约概率、违约损失率、违约风险暴露和期限。对于零售风险暴露，商业银行应估计违约概率、违约损失率和违约风险暴露。

（2）商业银行应根据《资本办法》的要求建立风险参数量化政策、过程和关键定义，并确保在银行内部得到统一实施。

（3）商业银行应根据所有可获得的数据、信息和方法估计违约概率、违约损失率和违约风险暴露。

（4）违约概率、违约损失率、违约风险暴露的估值应以历史经验和实证研究为基础，不能仅依靠专家判断。商业银行应对风险参数量化过程所涉及的专家判断和调整进行实证分析，确保不低估风险。调整决定、依据及计算方法应记录存档，以便于内部监督和持续改进，确保监督检查能追踪整个过程。商业银行应采取敏感性分析，评估调整对风险参数、监管资本要求的影响。

（5）商业银行应制定风险参数量化更新政策，确保技术进步、数据信息和估值方法的变化情况能及时充分地反映在风险参数中。商业银行应至少每年审查一次内部风险参数的估计值，并根据业务需要及时更新量化方法和流程。

（6）违约概率、违约损失率和违约风险暴露的估值应遵循审慎原则。商业银行应保守估计风险参数的误差，误差越大，保守程度应越大。

（7）对于零售风险暴露，若商业银行能证明不同资产池之间的违约损失特征没有实质性差别，这些资产池可以使用相同风险参数估计值。

（8）风险参数量化过程及风险参数估计值的重大调整应及时报银监会备案。

（9）商业银行应建立完善的风险参数量化文档，以持续改进风险参数的量化过程，并为银监会的监督检查提供支持。

信用风险内部评级体系数据与 IT 系统的要求

《资本办法》附件 5 规定了信用风险内部评级体系数据与 IT 系统（如图 12 - 6 所示）及其具体要求。

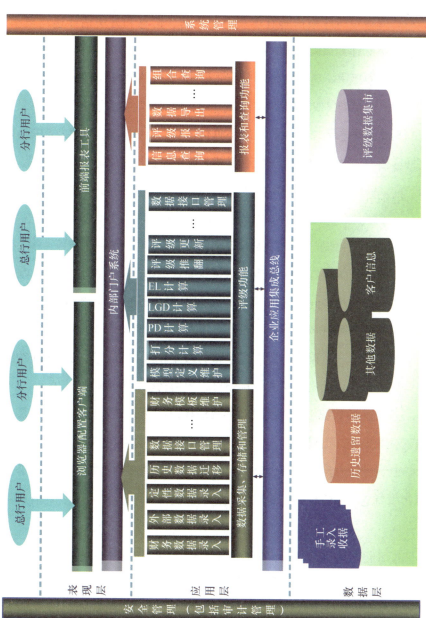

图 12-6 信用风险内部评级体系数据与 IT 系统

1. 信息系统

①商业银行应当建立相应的信息系统，记录工作流程，收集和存储数据，支持内部评级体系运行和风险参数量化。商业银行应当确保系统运行的可靠性、安全性和稳定性。

②商业银行内部评级体系信息系统的治理、开发、安全、运行和业务持续性应当遵循《银行业金融机构信息系统风险管理指引》的相关规定。

2. 数据管理

①商业银行内部评级使用的数据应当满足准确性、完整性和适当性要求。

②商业银行应当建立数据仓库，以获取、清洗、转换和存储满足内部评级要求的内部和外部数据。数据仓库是内部评级体系的主要数据来源和结果返回存储系统。

③商业银行应当在数据仓库的基础上建立风险数据集市，内部评级体系中模型的开发、优化、校准和验证应基于风险数据集市。

④商业银行应当确保相关数据的可获得性，确保用于验证的数据以及评级体系输出结果的可复制性，确保用于重复计算的数据完整归档和维护。

⑤商业银行应当对数据仓库、数据集市和数据库系统的扩展配置足够资源，以满足内部评级体系的要求，确保数据库扩展过程中不发生信息丢失的风险。

⑥商业银行应当建立数据管理系统，收集和存储历史数据以支持内部评级体系的运行。

⑦商业银行应当建立内部评级体系的数据质量控制政策和程序，建立数据质量问题报告机制、错误数据的修改机制，对各类数据质量问题分等级报告。

⑧商业银行应当全面记录进入数据库数据的传递、保存和更新流程，并建立详细文档。

信用风险内部评级应用的基本要求、核心应用范围和高级应用范围

《资本办法》附件 5 规定了信用风险内部评级应用的基本要求、核心应用范围和高级应用范围。

1. 信用风险内部评级应用的基本要求

①商业银行应确保内部评级和风险参数量化的结果应用于信用风险管理实践。

②商业银行应向监管部门证明，内部评级体系所使用的、产生的并用于计量监管资本要求的信息，与信用风险管理使用的信息保持一致。

③商业银行获准采用内部评级法之前，内部评级体系的实际应用应不短于 3 年。在此期间允许商业银行改进内部评级体系。

④商业银行应建立内部评级体系应用文档。

⑤内部评级体系达到监管部门规定的应用要求是银监会批准商业银行实施内部评级法的前提之一。

⑥商业银行实施初级内部评级法，非零售风险暴露的债务人评级结果和违约概率的估计值、零售业务的风险分池和风险参数估计值应在核心应用范围发挥重要作用，并在高级应用范围有所体现。

⑦商业银行实施高级内部评级法，应向银监会证明内部评级结果和风险参数估计值在核心应用范围和高级应用范围的所有方面都发挥了重要作用。

2. 核心应用范围

内部评级的核心应用范围如图 12 - 7 所示。

图 12 - 7   内部评级的核心应用范围

①债务人或债项的评级结果应是授信审批的重要依据，商业银行的授信政策应明确规定债务人或债项的评级结果是授信决策的主要条件之一。

②商业银行应针对不同评级的债务人或债项采用不同监控手段和频率。

③商业银行应根据债务人或债项的评级结果，设置单一债务人或资产组合限额。

④商业银行应根据债务人和债项的评级以及行业、区域等组合层面评级结果，制定差异化的信贷政策。

⑤信用风险主管部门应至少按季向董事会、高级管理层和其他相关部门或人员报告债务人和债项评级的总体概况和变化情况。商业银行的内部报告制度应明确规定风险报告的内容、频率和对象。

3. 高级应用范围

内部评级的高级应用范围如图 12 - 8 所示。

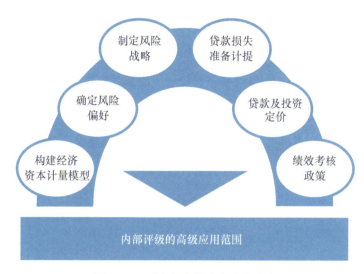

图 12-8　内部评级的高级应用范围

①内部评级结果和风险参数估计值应作为商业银行构建经济资本计量模型的重要基础和输入参数的重要来源。

②内部评级结果和风险参数估计值应作为商业银行确定风险偏好和制定风险战略的基础。

③风险参数估计值应作为商业银行贷款损失准备计提的重要依据。

④风险参数估计值应作为商业银行贷款及投资定价的重要基础。

⑤内部评级结果和风险参数估计值应是计算风险调整后资本收益率的重要依据。商业银行应将内部评级的结果明确纳入绩效考核政策。

⑥内部评级体系和风险参数量化模型的开发和运用应有助于商业银行加强相关信息系统建设、配置充分的风险管理资源以及审慎风险管理文化的形成。

信用风险内部评级法风险暴露分类标准

《资本办法》第四章第三节第七十五条规定商业银行应对银行账户信用

风险暴露进行分类，至少分为以下六类：主权风险暴露、金融机构风险暴露、公司风险暴露、零售风险暴露、股权风险暴露和其他风险暴露。其中，主权风险暴露、金融机构风险暴露和公司风险暴露统称为非零售风险暴露。《资本办法》附件 4 规定了各个种类的主要内容（如图 12-9 所示）。

非零售风险暴露	主权风险暴露	对主权国家或经济实体区域及其中央银行、公共部门实体，以及多边开发银行、国际清算银行和国际货币基金组织等的债权
	金融机构风险暴露	银行类金融机构包括在中华人民共和国境内设立的商业银行、农村合作银行、农村信用社等吸收公众存款的金融机构，以及在中华人民共和国境外注册并经所在国家或者地区金融监管部门批准的存款类金融机构
		非银行类金融机构包括经批准设立的证券公司、保险公司、信托公司、财务公司、金融租赁公司、汽车金融公司、货币经纪公司、资产管理公司、基金公司以及其他受金融监管部门监管的机构
	公司风险暴露	公司风险暴露分为中小企业风险暴露、专业贷款和一般公司风险暴露
		中小企业风险暴露是商业银行对年营业收入（近3年营业收入的算术平均值）不超过3亿元人民币的企业的债权
		专业贷款分为项目融资、物品融资、商品融资和产生收入的房地产贷款需同时符合以下三个条件：（1）债务人通常是一个专门为实物资产融资或运作实物资产而设立的特殊目的的实体；（2）债务人基本没有其他实质性资产或业务，除了从被融资资产中获得的收入外没有独立偿还债务的能力；（3）合同安排给予贷款银行对融资形成的资产及其所产生的收入有相当程度的控制权
	零售风险暴露	个人住房抵押贷款是指以购买个人住房为目的并以所购房产为抵押的贷款
		合格循环零售风险暴露指各类无担保的个人循环贷款，合格循环零售风险暴露中对单一客户最大信贷余额不超过100万元人民币
		其他零售风险暴露是指除个人住房抵押贷款和合格循环零售风险暴露之外的其他对自然人的债权
	股权风险暴露	商业银行直接或间接持有的股东权益
	其他风险暴露	其他风险暴露包括购入应收账款和资产证券化风险暴露

图 12-9　信用风险内部评级法风险暴露分类标准

参考文献

［1］曹凤岐. 金融改革创新论［M］. 北京：北京大学出版社，2015.

［2］曹凤岐. 金融市场全球化下的中国金融监管体系改革［M］. 北京：经济科学出版社，2012.

［3］曹凤岐，贾春新. 中国商业银行改革与创新［M］. 北京：中国金融出版社，2006.

［4］迪迪埃·科森，于格·皮罗特. 高级信用风险分析——评估、定价和管理信用风险的金融方法和数学模型［M］. 北京：机械工业出版社，2005.

［5］冈特·勒夫勒，彼得·N. 波施. 信用风险模型——基于 Excel 和 VBA 平台［M］. 北京：中国财政经济出版社，2015.

［6］梁世栋. 商业银行风险计量理论与实务——《巴塞尔新资本协议》核心技术［M］. 北京：中国金融出版社，2009.

［7］李师刚. 突出董事会对风险管理的领导和监督作用［J］. 银行家，2010（1）.

[8] 王汉生. 数据思维——从数据分析到商业价值 [M]. 北京：中国人民大学出版社，2017.

[9] 王胜邦，陈颖. 新资本协议信用风险的建模、计量和验证 [M]. 上海：上海远东出版社，2008.

[10] 王永利，陈四清. 授信业务风险管理指引 [M]. 北京：中国金融出版社，2004.

[11] 王志诚. 信用风险管理. 北京大学光华管理学院教学讲义，2007.

[12] 武剑. 内部评级理论方法与实践 [M]. 北京：中国金融出版社，2005.

[13] 叶征. 现代商业银行信用风险管理实务研究 [D]. 北京：北京大学光华管理学院，2008.

[14] 中国金融会计学会. 中国金融会计学会重点研究课题获奖论文集（2011）[C]. 北京：经济管理出版社，2011.

[15] 中国银行业监督管理委员会. 商业银行资本管理办法（试行）[Z]，2012.

[16] 周玮，杨兵兵. Basel II 在中资银行的实践 [M]. 北京：中国人民大学出版社，2006.

[17] Basel Committee on Banking Supervision (BCBS). Basel III：international regulatory framework for banks [Z]，2015.

后　记

在过去多年的工作中，我经历了中国国有大型金融机构的风险计量技术从无到有，风险管理从粗放到精细化，从需要大量主观经验判断到让数据说话的过程，其中的艰辛和坎坷只有过来人才能体会。

在国外，金融机构的风险管理走在监管要求的前面，金融机构倒逼监管改革，然而在国内，通常是监管部门逼着金融机构加强风险管理。当然，这和我国金融业发展的时间短、起点低、业务增长迅猛等情况密切相关，造成了长期以来我国金融业重视业务规模、轻视风险管理的经营思路。

我曾参与多家银行的全面风险管理和评级模型的开发和优化工作，是中国最早将风险计量技术应用于银行风险管理的从业者。在工作中我感受到，长期以来中国银行业在授信系统开发上缺乏前瞻性和连续性，信息系统冗余，数据的完整性差，数据之间的一致性差。基础数据不统一、不准确严重阻碍了中国商业银行信用风险管理水平的提高，即使使用简单的分析工具，也可能由于数据质量问题导致分析的结果缺乏可信度，从而无法建立各种信用风险管理模型，无法将先进的信用风险管理技术应用于银行实际的风险管理。而中国银行业普遍存在的业务数据录入信息不全，录入质量不高，大量历史业务信息和数据缺失，给实现先进的信用风险管理技术造成巨大困难。中国商业银行的业务系统数目较多，整合程度较低，缺乏全行统一的授信风险管理数据集市，导致银行缺乏统一的数据统计口径，无法建立相应的统计模型对风险敞口和风险等级进行测算。因此，中国的商业银行在没有良好的数据基础的情况下，往往借鉴先进银行使用过的评级方法，结合自己行内专家的经验，通过开发工具对先进银行的评级模型进行调优之后用于业务，随着数据的积累和经验的日益丰富，待条件允许时再开发自己的评级模型。

中国的保险行业面临类似的问题。以我曾任职的某国有大型保险集团为例，在入职后，我发现该保险集团没有独立的风险管理部门，没有风险偏好，没有压力测试，没有科学的资产负债管理体系，更没有资本规划和资本管理。这让我深深体会到财务管理工作没有前瞻性和规划性的弊端。比如，某直属子公司由于业务发展迅猛经常需要补充资本，但总在是偿付能力快要不足时才向集团报告。可是该保险集团作为国有企业，要报财政部批准后才能给子公司注资；通常情况下，等财政部批复时，最佳注资时间窗口已失去，因为保监会（现银保监会）对偿付能力不足的保险公司进行偿付能力监管，对其子公司的业务发展造成很大影响。借此机会，我起草了资本管理办法，经部门领导和集团领导批准后下发各子公司执行。该管理办法要求：系统内各子公司必须每月预测在集团指定的十种情形下，未来两个季度的偿付能力充足率，情景测试模板由集团统一下发；各子公司必须每年滚动制定未来五年的资本规划，如果未来的规划与实际情况有出入，必须解释原因。这套资本管理办法在系统内实施后，彻底改变了之前财务管理和资本管理的被动状态，很多资本管理工作可以通过压力测试的结果反馈进行前瞻性安排和规划。而且该管理办法走在了监管要求的前面：2015 年保监会正式实施第二代偿付能力监管体系，其中的第二支柱要求各保险公司每年制定三年的资本规划；而我所服务的保险集团推动由我起草的资本管理办法，比监管部门的要求早三年开展有关工作，并且在资本管理要求上明显高于监管部门。这也是中国金融业比较罕见的金融机构的内部管理走在金融监管前面的情况。

按照同样的思路，我在该保险集团主管了集团资产负债管理体系的建设工作。保险集团的资产负债管理比较特殊，资产方由多个公司组成，负债方也是由多个公司组成，不同于银行的资产方和负债方通常是行内的不同部门，管理难度大得多。该保险集团没有科学的资产负债管理治理体系、沟通机制、流程、政策、数据模型和信息系统，经常需要通过自身的领导力而不是数据分析结果来平衡资产方和负债方的不同诉求和矛盾。自 2012 年起，我在国际知名咨询公司的协助下，在该保险集团搭建现代化的符合该集团现状的资产负债管理体系。2013 年，我将相关的工作汇总成一篇学术论文《保险公司资产负债管理模式探析》，发表在国内保险业顶级期刊《保险研究》上。2017 年，保监会正式发文，对保险公司的资产负债管理进行监管，这说明我五年前所做的工作走在了前面。

近些年，我国的金融监管改革不断学习和借鉴国际先进经验。2013 年，我被单位外派澳大利亚悉尼工作，其间我撰写了一篇工作论文《澳大利亚保险业资本监管研究》，主要研究澳大利亚"双峰监管体制"如何对保险业进行资本监管。金融监管的双峰理论起源于英国，澳大利亚于 1998

年率先实践，至今运行良好，英国在金融危机后的监管体系改革中也转而采用双峰监管模式，可见该模式有着独特的魅力与实践意义。《澳大利亚保险业资本监管研究》一文在 2014 年被国务院发展研究中心采用。2018年银保监管部门合并后与央行、证监会的分工体现了中国金融监管体系"双峰监管"的特点。

讲个题外话，我非常喜欢演奏乐器，特别是键盘乐器。在金融机构做了多年的资产负债管理和经济资本管理工作，我越发觉得金融机构的资产负债管理其实和拉手风琴、弹钢琴有异曲同工之妙。金融机构资产负债管理是金融企业对其资产、负债不断管理的过程，在既定的约束条件下，通过平衡风险与收益，防止资产与负债的错配，确保金融产品的满期给付（或赔偿）、资本的充足和预期盈利目标的实现。而拉手风琴和弹钢琴要通过左右手的协调配合加上手风琴风箱、钢琴踏板的运用才能演奏好作品。

本书的系列文章是我在金融机构多年从事风险计量工作的部分总结，对于国内金融机构在实施内部评级体系的过程中遇到的具有普遍性的疑难杂症，比如低违约组合建模方法、数据增强方法、评级哲学的选择、数据治理、债项评级等问题，书中给出了比较翔实的实战方案和技术细节，与市面上以介绍理论框架或国外银行通行业务实践为主的论著有很大不同，对银行信用风险计量技术感兴趣的读者定会收获颇丰。

在本书撰写过程中，感谢熊大的不断鞭策，中国人民大学出版社李文重先生的大力支持，以及潘蕊（水妈）、仲崇丽老师的帮助。**感谢帮我校**对书稿的清华大学博士研究生尹说、北京大学光华管理学院博士研究生仇心诚、北京大学校友普华永道（咨询）公司业务骨干张雅雯等学弟学妹。除此之外，本书的撰写得到了业内资深专家的支持和鼓励，他们是中国银行总行风险管理部原副总经理周玮先生，中国再保险集团精算与风险管理部原副总经理、英国精算师协会理事袁曦女士，北京国家会计学院、清华大学五道口金融学院硕士研究生导师刘霄仑副教授，以及我的导师北京大学光华管理学院曹凤岐教授，在此一并表示感谢！

叶征

图书在版编目（CIP）数据

银行信用风险计量实战/叶征著. —北京：中国人民大学出版社，2019.3
ISBN 978-7-300-26368-7

Ⅰ.①银… Ⅱ.①叶… Ⅲ.①银行信用-风险管理-研究-中国 Ⅳ.①F832.4

中国版本图书馆 CIP 数据核字（2018）第 236542 号

银行信用风险计量实战
叶 征 著
Yinhang Xinyong Fengxian Jiliang Shizhan

出版发行	中国人民大学出版社			
社　　址	北京中关村大街 31 号		**邮政编码**	100080
电　　话	010 - 62511242（总编室）		010 - 62511770（质管部）	
	010 - 82501766（邮购部）		010 - 62514148（门市部）	
	010 - 62515195（发行公司）		010 - 62515275（盗版举报）	
网　　址	http://www.crup.com.cn			
	http://www.ttrnet.com（人大教研网）			
经　　销	新华书店			
印　　刷	涿州市星河印刷有限公司			
规　　格	170 mm×230 mm　16 开本		**版　　次**	2019 年 3 月第 1 版
印　　张	11.75 插页 1		**印　　次**	2019 年 3 月第 1 次印刷
字　　数	140 000		**定　　价**	59.00 元